Ralf Sotscheck
Gebrauchsanweisung für Irland

Ralf Sotscheck

Gebrauchsanweisung für Irland

Piper
München Zürich

Außerdem liegen vor:

Gebrauchsanweisung für Amerika von Paul Watzlawick
Gebrauchsanweisung für Deutschland von Maxim Gorski
Gebrauchsanweisung für Finnland von Claus Haar
Gebrauchsanweisung für Griechenland von Martin Pristl
Gebrauchsanweisung für Israel von Martin Wagner
Gebrauchsanweisung für Japan von Gerhard Dambmann
Gebrauchsanweisung für New York von Natalie John
Gebrauchsanweisung für Schottland von Heinz Ohff
Gebrauchsanweisung für die Schweiz von Thomas Küng

ISBN 3-492-04986-9
2. Auflage 1996
© R. Piper GmbH & Co. KG, München 1996
Gesetzt aus der Bembo-Antiqua
Gesamtherstellung: Clausen & Bosse, Leck
Printed in Germany

Inhalt

Vorwort	7
Stadt und Land	11
Jekyll und Hyde	24
Onkel Seamus muß nach Südostasien	40
Dracula lebt nicht in Transsylvanien	50
Ein Pfarrer in der Familie	61
Eine Hand wäscht die andere	78
Nichts geht ohne die Nationalknolle	90
Last Orders, Ladies and Gentlemen!	102
Bei Familie Murphy zu Hause	117
Wo bitte liegt »An Lár«?	128
Literatur mit zwei Promille	141
Irische und barbarische Spiele	150
Spielhöllen und andere heilige Hallen	163
Reden sie vom selben Land?	178
Interpretation ist die Rache des Intellekts	189
It's a soft day, isn't it?	201

Vorwort

Es gibt drei große Lügen in Irland, so behaupten jedenfalls die Einheimischen – und die müssen es ja wissen. Erstens: »Das ist wirklich das letzte Bier für heute.« Zweitens: »Der Scheck ist bereits unterwegs.« Und drittens: »Wir treffen uns um halb neun.« Die Iren drücken damit selbstironisch aus, daß sie alkoholischen Getränken nicht abgeneigt sind, gerne ein wenig flunkern und grundsätzlich zu spät kommen. Mit diesem Wissen könnten Sie sich schon getrost auf den Weg nach Irland machen.

Allein, in Klischees steckt meistens nur die halbe Wahrheit. Zwar ist die »Grüne Insel« übersät mit Kneipen, die ein dichtes Netz sozialer Knotenpunkte bilden, doch daneben gibt es eine Viertelmillion Abstinenzler, so daß die Iren im Alkoholverbrauch längst nicht an der Spitze in Europa liegen. Auch zögern die Iren die Bezahlung von Rechnungen gerne bis zur letzten Sekunde – und manchmal noch länger – hinaus, bei telefonischer Mahnung beruhigt man jedoch den Gläubiger, um ihm nicht den Tag zu verderben; er erfährt ja früh genug, daß es mit dem Scheck wieder nicht geklappt hat – was man zur Not dann immer noch auf die Post schieben kann. Und schließlich sind die Iren bei Verabredungen nur selten pünktlich, aber man verabredet sich im Pub, damit es dem Wartenden nicht langweilig wird. Womit wir wieder bei der ersten Lüge wären.

Vielleicht liegt es ja an einem Mißverständnis, wenn Sie glauben, man habe Sie versetzt. Wenn Iren *half four* sagen, so ist damit *half past four* gemeint – also halb fünf. Sie können dann ab fünf mit der Person rechnen, mit der Sie verabredet sind. Ein spanischer Tourist fragte einmal einen Iren, ob es in Irland ein ähnlich dehnbares Zeitverständnis gebe, wie das spanische *mañana*. »Um Himmels willen«, antwortete der Ire entsetzt. »So etwas Dringliches gibt es bei uns nicht.«

Es mag an der agrarischen Struktur und der späten Industrialisierung liegen, daß die Iren immer Zeit für eine Tasse Tee und ein Schwätzchen haben. In Dublin und den anderen Großstädten Cork, Limerick, Dun Laoghaire, Galway und Waterford macht sich indes langsam ein mitteleuropäischer Zeitbegriff breit – allerdings nicht zu Lasten des *small talk* im Pub. Es gibt ja genügend Leute, über die man reden kann. Kämen Sie als Berliner auf die Idee herauszufinden, ob Sie gemeinsame Bekannte haben, wenn Sie einen anderen Berliner kennenlernen? Obwohl auch in der Republik Irland 3,5 Millionen Menschen leben, forschen zwei Iren, die sich irgendwo in der Welt begegnen, sogleich optimistisch nach Berührungspunkten – fast immer mit Erfolg. Zumindest kennt man den Nachbarn des Klempners, der bei der Tante des Gesprächspartners den Rohrbruch beseitigt oder gar verursacht hat. Und wenn nicht, läßt sich weidlich über Politiker und andere »Stars« reden.

Die Ehrfurcht vor großen Namen ist in Irland völlig unterentwickelt. Schließlich ist die Insel so klein, daß man den Finanzminister im Pub, den Nachrichtensprecher beim Friseur und den Rockstar im Supermarkt treffen kann. Niemand findet das ungewöhnlich oder käme gar auf die Idee, einen Prominenten mit übertriebener Aufmerksamkeit zu belästigen. Vermutlich haben sich deshalb eine ganze Reihe internationaler Rock- und Filmstars einen Wohnsitz in Irland zugelegt: Jerry Lee Lewis, Jeremy Irons, David Bowie, Marianne Faithful, Mick Jagger, Steve Winwood, Tom Cruise, Nicole Kidman, Harrison Ford, Anjelica Houston, Julia Roberts und Kevin Costner, um nur einige zu nennen.

Diese Leute haben freilich den Vorteil, daß sie jederzeit in ein Flugzeug springen können, wenn sie dem irischen Wetter entfliehen wollen. Der häufige Regen hat die Insel bisher vor Massentourismus und Hotelhochhäusern bewahrt. »Im vergangenen Jahr fiel der Sommer auf einen Montag«, erklärte mein Nachbar einem sonnenhungrigen Touristen. Ein Sprichwort besagt, daß die Iren zwei Tage im Jahr besonders genießen: Weihnachten und den Sommer. Auch das ist natürlich nur ein Vorurteil, Generationen von Urlaubern sind aus Irland sonnengebräunt nach Hause zurückgekehrt – es ist reine Glückssache. Und räumen wir gleich noch mit einem anderen Klischee auf: Nicht alle irischstämmigen Menschen haben rote Haare und Sommersprossen, wie die Titelbilder vieler Reiseführer vorgaukeln. Gerade vier Prozent der Iren sind rothaarig. Wieviel Prozent Sommersprossen haben, ist mir nicht bekannt.

Die Iren seien das glücklichste Volk Europas, verkündet ein Heftchen für Touristen, weil der Sinn des Lebens für sie darin bestehe, sich einen guten Platz für das Leben nach dem Tod zu sichern. Ganz so religiös geht es freilich nicht einmal in Irland zu: 60 Prozent der Bevölkerung müssen sich laut einer Umfrage wegen unzureichenden Einkommens einschränken. Das ist der Höchststand in der Europäischen Union. Und während 1973 noch 92 Prozent mit ihrem Leben zufrieden waren, sagten das zwanzig Jahre später nur noch 82 Prozent von sich.

In diesem Buch geht es darum, ein paar Vorurteile über die Grüne Insel zu korrigieren. Es ist kein traditioneller Reiseführer, der die Sehenswürdigkeiten akribisch auflistet. Das Buch will Ihnen vielmehr ein paar Hinweise geben, die Ihnen den – zugegebenermaßen nicht besonders komplizierten – Umgang mit den Iren erleichtern und dabei helfen sollen, Mißverständnisse zu vermeiden.

Es ist übrigens wahr, daß die Iren überaus freundlich sind. »Ein Fremder ist ein Freund, dem man bisher noch nicht begegnet ist«, lautet ein weiteres irisches Sprichwort. Jakob Venedey, eine Leitfigur der deutschen Linken im vergangenen Jahrhundert, fand den Beweis für dieses Sprichwort, als er Irland 1843 bereiste. Seine Begeisterung für die Insel möge als Leitsatz für dieses Buch gelten: »Ich glaube nicht, daß es ein gastfreundlicheres Volk als die Irländer in der Welt gibt; ich habe keine Idee, wie man überhaupt gastfreundlicher sein könnte, als ich sie gefunden habe. Ich möchte es von den Dächern ausrufen: Kommt nach Irland, ihr Alle die ihr ein gesundes Herz habt, das von den Schlägen des Geschickes wund ward; kommt her, hier könnt ihr es pflegen und heilen. Und sanfte Frauen, keusch und rein genug, um nicht von dem Händedrucke des Mannes zurückzubeben, werden euch pflegen und euch helfen, vergangenes Unglück im trauten Kreis guter Menschen zu vergessen. «

Stadt und Land

Wenn Sie kurz vor Weihnachten oder vor dem Nationalfeiertag, dem »St. Patrick's Day«, nach Irland reisen, lernen Sie schon unterwegs die irische Gabe
kennen, einen langweiligen Flug oder eine eintönige
Schiffspassage im Handumdrehen in ein Fest zu verwandeln. Hunderttausende von Emigranten begehen die
Festtage in der Heimat und beginnen die Feier schon bei
der Anreise. Ich habe auf einem Flug nach Dublin drei
Tage vor Weihnachten erlebt, daß sich die Stewards und
Stewardessen von der Atmosphäre anstecken ließen und
die Schnaps- und Biergläser immer wieder auffüllten,
kaum daß sie leer waren. Steht die irische Fluggesell-
schaft Aer Lingus vielleicht deshalb vor dem Bankrott?
Beim Landeanflug auf Dublin sangen jedenfalls alle irgendwelche Schlager, und während leere Bierdosen den
Gang entlangrollten und sich niemand um das Rauch-
verbot kümmerte, erzählte eine alte Dame im Tweedkostüm schmutzige Witze, die einem Bierkutscher zur
Ehre gereicht hätten. Normalerweise geht es freilich
auch in irischen Flugzeugen gesitteter zu.

In Irland angekommen, befinden Sie sich zwischen
51°05' und 55°23' nördlicher Breite und 5°30' und 10°30'
westlicher Länge. Die Insel ist 84 400 Quadratkilometer
groß. Davon entfallen 83 Prozent auf die Republik

Irland, der Rest auf Nordirland. Die Bevölkerungdichte liegt in Südirland bei nur 51 Einwohnern pro Quadratkilometer, im Norden ist sie etwas höher. Es gibt vier historische Provinzen: Ulster im Norden, Leinster im Osten, Munster im Süden und Connaught im Westen. Die Provinzen sind in insgesamt 32 Grafschaften unterteilt. Nordirland umfaßt sechs der neun Grafschaften Ulsters, zur Republik gehören die restlichen 26 Grafschaften. Kein Ort der Insel ist mehr als hundert Kilometer vom Meer entfernt. Soweit die Statistik.

Nehmen wir der Einfachheit halber an, Sie reisen per Flugzeug und landen in Dublin. Aus der Luft erkennen Sie die weite Bucht, an der die irische Hauptstadt liegt, sowie nördlich und südlich davon die grünen Wiesen und Weiden. Die irische Landschaft weist vierzig verschiedene Grüntöne auf, heißt es.

Beim Verlassen der Gepäckhalle haben Sie die Wahl zwischen der blauen Tür für Reisende aus der EU und der grünen Tür für Bürger anderer Staaten, die nichts zu verzollen haben. Der Unterschied ist eher symbolisch: Beide Türen führen in den Raum, in dem das Gepäck in Ausnahmefällen kontrolliert wird. Seit die Duty-Free-Shops nur noch die zugelassenen Mengen Schnaps und Zigaretten abgeben und das Ticket abstempeln, ist Schmuggeln fast unmöglich. Sollten Sie jedoch die großzügige Freimenge für im Ausland verzollte Waren überschritten haben, müssen Sie durch die rote Tür gehen. Sie werden vermutlich erhebliches Aufsehen erregen, weil sich dort nur selten jemand blicken läßt.

Ihr Haustier haben Sie hoffentlich zu Hause gelassen: Da es in Irland weder Tollwut noch Maul- und Klauenseuche gibt, müssen Tiere bei der Einreise für sechs Monate in Quarantäne. Wer versucht, seinen Dackel heimlich ins Land zu bringen, muß damit rechnen, daß Waldi beschlagnahmt und eingeschläfert wird.

Nun sind Sie also in der irischen Hauptstadt, die auf Gälisch *Baile Atha Cliath* heißt – die »Stadt an der Hürdenfurt«. Übrigens stammt auch der anglisierte Name aus dem Gälischen: *Duibh-linn* bedeutet »schwarzer Pfuhl«. Dublin sei nicht Irland, monieren viele Anhänger der Grünen Insel. Das finde man ausschließlich auf dem Land. Immerhin lebt fast ein Drittel der südirischen Bevölkerung im Großraum Dublin.

Der Schriftsteller James Joyce schrieb über die Bewohner seiner Heimatstadt, sie seien »die hoffnungsloseste, nutzloseste und widerspruchsvollste Rasse von Scharlatanen, der ich je auf der Insel oder dem Kontinent begegnet bin. Der Dubliner verbringt seine Zeit mit Schwatzen und Rundgängen durch die Bars, Schenken und Spelunken, ohne je seine doppelten Quantitäten von Whiskey oder Home Rule satt zu kriegen, und nachts, wenn nichts mehr reingeht und er mit Gift angefüllt ist wie eine Kröte, stolpert er aus einem Nebenausgang und geht, geleitet vom instinktiven Wunsch nach Standhaftigkeit, der geraden Häuserfront entlang und schrubbt seinen Rücken an allen Mauern und Ecken.«

Sein Urteil über die Stadt, das ähnlich harsch ausgefallen war, revidierte Joyce jedoch später und schrieb, er sei Dublins »Schönheit nicht gerecht geworden, denn sie ist an Natur schöner, als was ich von England, der Schweiz, Frankreich, Italien oder Österreich gesehen habe«. Manche behaupten gar, daß Dublin gar keine Weltstadt sei, sondern ein überdimensionales Dorf.

Politisch spielt Dublin in Europa nur eine untergeordnete Rolle, es beherbergt lediglich eine einzige Einrichtung der Europäischen Union: die »Stiftung für
die Verbesserung der Lebens- und Arbeitsbedingun-
gen«; als Finanzzentrum kann die Stadt weder mit
London noch mit Frankfurt mithalten; und selbst das
geistliche Zentrum Irlands ist nicht Dublin, sondern
Armagh in Nordirland. Doch in seiner kulturellen Bedeutung muß sich Dublin vor keiner anderen Metropole in Europa verstecken. Die irische Hauptstadt ist
reich an Museen und Galerien, an Kirchen und Sport-
stätten, an Sehenswürdigkeiten, Einkaufsgelegenheiten
und Konzertsälen, an Kinos, Theatern und vor allem
an Pubs. Mit seinem Monumentalroman *Ulysses* hat
Joyce Dublin ein literarisches Denkmal gesetzt, wie es
keine Stadt für sich beanspruchen kann.

Der Fluß Liffey teilt Dublin in zwei ungleiche Hälften: den ärmeren Norden mit vielen schäbigen Wohnvierteln und den vornehmeren Süden mit einigen
Glanzlichtern georgianischer Architektur. Die Liffey
selbst hat wenig Reize. »Keine Stadt vernachlässigt ihren Fluß so sehr wie Dublin«, schrieb der Schriftsteller
Oliver St. John Gogarty im Jahr 1920, und seitdem hat
sich daran nichts geändert. »Von Butt Bridge bis Lu-
can schwimmt kein einziges Ausflugsboot auf der Liffey. Befänden sich die Stadt und der Fluß in England,
gäbe es Gärten am Wasser und Bootshäuser und Menschen, die sich an und auf dem Wasser ergötzten.« Der
in Dublin geborene Journalist Stan Gebler Davies äu-
ßerte siebzig Jahre später: »Dublin ist eine arrogante
Stadt. Egozentrisch und selbstsüchtig. Sie hat das meiste dessen, was sie auszeichnet, zerstört und ver-

schlingt gierig die Ressourcen des Landes. Sie baut und unterhält vorstädtische Arbeiterslums, die Leipzig oder Magdeburg beschämen würden. Die Kriminalität in einigen Wohnvierteln überfordert die Polizei. Die Liffey stinkt. Ich liebe diese Stadt.«

Irland ist kein billiges Urlaubsland. Das merken Sie spätestens dann, wenn Sie ein Hotelzimmer buchen. Zu den erschwinglicheren Übernachtungsmöglichkeiten zählen Zimmer mit Frühstück (*Bed & Brakfast*), die Sie am »B&B«-Schild erkennen. Wer auf Komfort wenig Wert legt, kommt in einer Jugendherberge oder einer unabhängigen Herberge ohne Altersbeschränkung gut unter. Auskünfte geben die Fremdenverkehrsämter; dort erhalten Sie auch ein Buch, in dem sämtliche Unterkünfte aller Preisklassen aufgelistet sind. Besonders in der Hochsaison empfiehlt es sich, zumindest für den Aufenthalt in Dublin schon vom Heimatland aus ein Zimmer zu buchen. Besorgen Sie sich am besten gleich einen Adapter für Ihr Kofferradio oder Ihren Haartrockner: Irische Steckdosen haben drei Buchsen, die im Dreieck angeordnet sind. Die Adapter gibt es in jedem Haushaltswarengeschäft.

Von Dublin aus führen sieben breite Hauptstraßen fächerförmig ins Land hinein. Irland sieht aus wie eine Schüssel oder, wissenschaftlicher ausgedrückt: »Die Insel besteht aus einer großen zentralen Kalksteintiefebene mit einem Hügelrelief, die von einer nicht geschlossenen Bergkette entlang den Küsten von unterschiedlicher geologischer Struktur eingeschlossen ist«, wie es in der amtlichen Broschüre heißt.

Irland hat mindestens zwei große Eiszeiten erlebt. Abgeschliffene Felsen, Bergseen, Stichtäler und Ablagerungen aus Sand, Kies und Ton zeugen von den Eismassen, die einst die ganze Insel überzogen haben. Die Trennung Irlands vom Festland geschah nach der letzten Eiszeit, in der viele urzeitliche Pflanzen und Tiere ausstarben, so daß die Insel heute weit weniger Arten aufweist als andere Länder Europas. Davon ausgenommen sind Fuchsien, Rhododendren – und Hunde: Es gibt sieben irische Hundezüchtungen, von denen der Wolfshund wohl die bekannteste ist. Vierzig Prozent der irischen Haushalte haben einen Hund. Das ist einsamer Rekord in Europa.

Auffällig ist der geringe Baumbestand. Früher konnte laut Volksmund ein Eichhörnchen von Belfast nach Cork gelangen, ohne den Boden zu berühren, doch die britische Armada hat im Laufe der Jahrhunderte ihren Tribut gefordert. Dafür gibt es viele Steinmauern. Sie umgeben große Landhäuser und kleine Parks, sie begrenzen Felder, Friedhöfe, Wiesen, sie sichern Botschaften, Sportplätze und öffentliche Gebäude. Irland ist ein Land der Mauern. Man gewöhnt sich dran.

Jeder Landesteil hat seine eigenen Reize – seien es die eher kargen Granitberge von Galway, Mayo und Donegal im Westen und Nordwesten oder die zahllosen Inseln wie Achill Island, wo Heinrich Böll sein *Irisches Tagebuch* geschrieben hat, sei es die Grafschaft Kerry im Südwesten, in der dank des Golfstroms sogar Palmen wachsen, oder das Amorikanische Bergland im Süden, das den 1040 Meter hohen Carrauntoohil, den höchsten Berg Irlands, besitzt, oder auch die Wicklow-Berge im Südosten mit ihren zahlreichen Hochmooren. Selbst die zentrale Tiefebene, das landwirtschaftliche Kerngebiet, in das sich nur wenige Touristen verirren, ist nicht allein für Radfahrer interessant.

Bei Einwanderern sind die Grafschaften Donegal, Clare, Mayo, Kerry und Cork am beliebtesten. Aus der Statistik der Landkommission geht hervor, daß jedes Jahr rund 6000 Hektar Land in ausländischen Besitz übergehen. Die tatsächliche Zahl liegt vermutlich weitaus höher: Die Landkommission registriert lediglich Immobilientransaktionen von mindestens zwei Hektar. An der Spitze der Liste ausländischer Käufer liegen die Briten, gefolgt von US-Amerikanern und Deutschen. In den deutschen Tageszeitungen ist die Zahl der Kleinanzeigen für irische Immobilien seit Anfang der neunziger Jahre um zehn bis 15 Prozent gestiegen.

Der Haus- oder Landkauf ist problemlos: Der Rechtsanwalt, den Sie einschalten müssen, nimmt Ihnen die Formalitäten ab. Da die Iren – vor allem in den besonders beliebten Grafschaften, wo die Einheimischen an Einwanderer gewöhnt sind – verträgliche Nachbarn sind, werden Sie keine Schwierigkeiten bekommen, wenn Sie Ihr Grundstück nicht mit einem elektrischen Zaun sichern und den Zugang zum See nicht versperren. In diesem Fall würde es Ihnen ergehen wie jenem Captain Boycott, dessen Name in den Sprachgebrauch eingegangen ist: Boycott war ein rücksichtsloser Gutsverwalter in Mayo, der von seiner gesamten Nachbarschaft geächtet und 1880 schließlich verjagt wurde.

Erlebnishungrige können im Sommer von Festival zu Festival ziehen. Es gibt eine Fülle von kulturellen, sportlichen, unterhaltenden und gesellschaftlichen Veranstaltungen, die Touristen und Einheimische gleichermaßen anlocken – nicht zuletzt deshalb, weil die Pubs dann länger geöffnet sind. Für manche Orte ist ein gut besuchtes Festival geradezu überlebenswichtig, denn die Hotels, Pensionen, Restaurants und Kneipen müssen ein ganzes Jahr lang davon zehren.

Inzwischen hat selbst die kleinste Ortschaft ihr Festival, wobei der Anlaß oft nur eine untergeordnete Rolle spielt. So gibt es zum Beispiel die Pferderennen von Listowel, das Theaterfestival von Dublin, den Heiratsmarkt von Lisdoonvarna, den gesamtirischen Musikwettbewerb »Fleadh Cheoil« mit jährlich wechselndem Veranstaltungsort, das Opernfestival von Wexford, die Willie-Clancy-Sommerschule von Milltown Malbay, die Wahl der Schönheitskönigin »Rose of Tralee«, die sogar im US-Fernsehen übertragen wird, oder das Austernfestival von Galway – inklusive der Wahl einer zweibeinigen weiblichen »Austernperle« und den amüsanten Weltmeisterschaften im Austernöffnen. Dabei kommt es ebenso auf Geschwindigkeit wie auf Präsentation an: Wer die Austern einfach auf den Teller knallt, wird mit Punktabzügen bestraft, während es für eine besonders appetitliche Darreichungsform Pluspunkte gibt.

Das wichtigste Ereignis im bäuerlichen Kalender sind die Nationalen Meisterschaften im Pflügen. Es geht natürlich um mehr, als hinter einem Ackergaul herzulaufen und eine möglichst gerade Furche in den Boden zu ziehen. Die Meisterschaften, die bis zu 100 000 Zuschauer anlocken und sich über sieben Tage hinziehen, sind in unzählige Klassen eingeteilt: Dreiviertelstoppel-Einfachfurchen, Halbstoppel-Doppelfurchen und so weiter. Dazu kommt die Unterteilung in Altersgruppen vom Junior bis zum Greis. Gefragt ist der Einklang zwischen Pflug, Pferd und Mann.

Für Frauen gibt es einen gesonderten Wettbewerb. Die »Nationale Pflug-Vereinigung« nennt pflügende Frauen »Farmeretten«, was ihr den Vorwurf des Sexismus eingebracht hat. Die Direktorin der Pflug-Vereinigung, Anna McHugh, wies die Kritik weit von sich: »Das ist ein wunderschöner Name, den wir schon seit den fünfziger Jahren führen und keinesfalls ändern werden«, sagte sie. »Hinter der Siegerin sind alle ledigen Bauern her, und sie kann sich den größten Hof aussuchen.«

Auch Nordirland hat seine Festivals, allen voran das Belfaster Kulturfest im November. Lassen Sie sich durch den politischen Konflikt keinesfalls davon abschrecken, Nordirland in Ihre Reise miteinzubeziehen – zumal seit Herbst 1994 Waffenstillstand herrscht und Verhandlungen um eine politische Lösung begonnen haben. Die nordirische Hauptstadt Belfast hat eine weit niedrigere Kriminalitätsrate als andere Städte vergleichbarer Größe. Von dem Konflikt werden Sie mittlerweile kaum noch etwas mitbekommen. Sie müssen ja nicht gerade in einem protestantischen Viertel eine flammende Rede für ein vereinigtes Irland halten oder im katholischen West-Belfast lautstark die Errungenschaften der britischen Demokratie preisen. Am besten halten Sie sich mit politischen Äußerungen oder guten Ratschlägen für eine Lösung des Konflikts zurück.

Auf seine Ursachen einzugehen würde hier zu weit führen, doch ein mittelalterlicher Religionskrieg war es nie, auch wenn das im Ausland häufig so dargestellt wurde. Die konfessionelle Zugehörigkeit ist der Ausdruck des Konflikts, dessen Wurzeln bis zur Eroberung Irlands und den daraus resultierenden Gegensätzen zwischen Einheimischen und Siedlern zurückreichen und der sich mit der Teilung der Insel 1922 verschärfte. Seitdem genoß die künstliche protestantische Mehrheit in Nordirland eine privilegierte Stellung, die auf Diskriminierung der katholischen Minderheit und Absicherung durch die britische Regierung basierte. So weit die stark vereinfachte Erklärung für einen Konflikt, über den bereits so viele Bücher geschrieben wurden, daß sich ganze Bibliotheken damit füllen ließen.

Falls Sie in Nordirland mit dem Auto unterwegs sind, wird Ihnen als erstes der bessere Straßenzustand auffallen. Die Hinweisschilder sind einsprachig englisch, und die zweitgrößte nordirische Stadt Derry heißt plötzlich Londonderry. Ob man »Derry« sagt oder den Kolonialnamen benutzt, ist für Nordiren eine politische Entscheidung.

Zwar hat die Zahl der Touristen 1989 zum ersten Mal seit Ausbruch der *Troubles* – wie der Konflikt hier genannt wird – die Millionengrenze überschritten, aber vom Massentourismus ist Nordirland noch weit entfernt. So ist selbst die landschaftlich reizvolle Küstenstraße der Grafschaft Antrim – sie führt von Belfast zum »Giant's Causeway« – mit ihren zahlreichen Stichtälern kaum befahren.

Der Giant's Causeway besteht aus 40 000 vieleckigen Basaltsäulen und ist eine der berühmtesten Naturerscheinungen der Welt. Angeblich ist er das Werk vulkanischer Eruptionen. Viel einleuchtender ist jedoch die

Erklärung, daß er bei der überstürzten Flucht des Riesen Cuchulainn nach Schottland entstanden ist. Cuchulainn war nach Antrim gekommen, um den einheimischen Riesen Fionn MacCumhaill herauszufordern. Der verkroch sich in einer Kinderwiege und harrte ängstlich der Ankunft Cuchulainns. Als dieser erschien, erklärte ihm Fionns Frau Una scheinheilig, ihr Mann sei nicht zu Hause – nur sein kleiner Sohn liege dort in der Wiege. Una fragte Cuchulainn, ob er vielleicht warten und etwas essen wolle. Der schottische Gigant nahm einen Pfannkuchen und biß sich auf der Stelle zwei Zähne aus, weil Una ein paar Backbleche in den Pfannkuchen eingebacken hatte. Sie fragte ihren Gast, ob er sich nicht zuviel zugemutet habe, gegen Fionn anzutreten, wenn er nicht mal die Pfannkuchen vertrage, die Fionns Sohn regelmäßig esse. Mit diesen Worten reichte sie einen Pfannkuchen in die Wiege – natürlich ohne Backbleche. Aber er könne doch wenigstens Saft aus einem Stein pressen, meinte Una zu Cuchulainn. Er konnte es nicht, dafür aber Fionns Sohn, der allerdings einen frischen Cheddar-Käse verwendete. Als Cuchulainn das sah, ergriff er die Flucht und brachte die Küstenlandschaft durcheinander. So entstand der Giant's Causeway.

Wenn Ihnen auf Ihrer Fahrt über die Grüne Insel unterwegs bunte, hölzerne Zigeunerwagen begegnen, die von Pferden gezogen werden, dann sind sie nicht auf eine folkloristische Sehenswürdigkeit gestoßen, sondern auf einen ausländischen Touristen, der sich einen solchen Pferdewagen gemietet hat. Die *Travellers*, die diese Fortbewegungsmittel früher benutzt haben, sind längst auf blecherne Wohnwagen umgestiegen.

Travellers nennen sich die Fahrenden Irlands seit einigen Jahren; früher hießen sie *Tinker*, die lautmalende Bezeichnung für einen metallverarbeitenden Hammer. Doch dieser Name hatte in der Bevölkerung einen negativen Beigeschmack bekommen.

Bereits in vorchristlicher Zeit reisten Schmiede durch Irland, die Bronze und Zinn verarbeiteten. Im Lauf der Zeit haben die Fahrenden eine eigene Sprache, das *Shelta* oder *Cant*, entwickelt. Noch zu Beginn des Jahrhunderts waren die Travellers integraler Bestandteil des wirtschaftlichen Gefüges und zogen als Kesselflicker, Weber, Schneider, Pferdehändler, Musiker und Geschichtenerzähler durch das Land. Doch mit der Einführung landwirtschaftlicher Maschinen, Plastikwaren und Fertigtextilien waren ihre Dienste nicht mehr gefragt. Die Fahrenden wichen in die Städte aus, wo sie sich neue Berufschancen erhofften. Dort konkurrierten sie jedoch mit den Seßhaften. Seitdem sind die Rastplätze der Fahrenden zu Konfliktherden geworden, nicht selten werden die Wohnwagen verbrannt, während die Polizei tatenlos zusieht. Die 18 000 Fahrenden in Irland sind ständig von Vertreibung bedroht.

Die Lebensbedingungen der Travellers sind schlechter als die der ärmsten Schichten der seßhaften Bevölkerung. Ihre Lebenserwartung liegt bei fünfzig Jahren, die Familien sind doppelt so groß, und die Kindersterblichkeit ist dreimal so hoch wie im Landesdurchschnitt. Unterernährung und Mangelerscheinungen sind weit verbreitet. Und die Diskriminierung verschärft sich. Zu vielen Kneipen, Restaurants, Supermärkten oder Waschsalons haben Travellers keinen Zutritt. In den Schulen werden ihre Kinder in gesonderten Klassen unterrichtet.

Drei Viertel der Bevölkerung würden kein Haus in der Nähe eines Rastplatzes kaufen.

Als sich die irische Regierung in den sechziger Jahren zum ersten Mal offiziell mit dieser Bevölkerungsgruppe beschäftigte, richtete sie weiteren Schaden an: Die Fahrenden wurden mit dem Begriff *Itinerants*, Nichtseßhafte, belegt und wie Bettler und Diebe eingestuft. Ihre eigenständige Kultur und ihr Lebensstil fanden keine Berücksichtigung. Die Regierungskommission meinte, das Problem sei zu lösen, indem man die Fahrenden »absorbiere und integriere«, das heißt, sie seßhaft mache. Erst seit den achtziger Jahren gelingt es den Fahrenden, sich etwas mehr Gehör zu verschaffen. Sie sind inzwischen der internationalen Sinti- und Roma-Vereinigung beigetreten, obwohl sie Iren sind. Die Vorfahren vieler Traveller-Familien sind in Hungerzeiten von Haus und Hof vertrieben worden, nachdem sie die Pacht nicht mehr zahlen konnten.

Heute ist diese Randgruppe in Seßhafte und Nomaden zersplittert, ihr Selbstbewußtsein ist schwach, Teile ihrer Kultur sind verschwunden, aber die Vorurteile der Bevölkerung und der Behörden sind ungebrochen. Viele Fahrende haben sich aufs Betteln verlegt, wobei sie – vor allem Touristen gegenüber – recht aufdringlich sein können. Die Iren winken meist ab und behaupten, daß es diesen Leuten in Wirklichkeit prächtig gehe – zur Beruhigung des eigenen Gewissens. Wenn Sie ein paar Pence übrig haben, werfen Sie sie in einen der Schuhkartons, mit denen die rotznasigen und auch im Winter nur dürftig bekleideten Kinder der Fahrenden in den Innenstädten lauern.

Jekyll und Hyde

Die Iren sind ein freundliches und zuvorkommendes Volk – solange sie nicht hinter dem Steuer eines Autos sitzen. Dann verwandelt sich das Ehepaar Jekyll in Herrn und Frau Hyde, die ihre Rechte, die ihnen per Straßenverkehrsordnung zustehen, mit allen Mitteln durchsetzen. Wenn das Unglück es will und Sie in Dublin oder einer anderen irischen Stadt in eine Hauptstraße einbiegen müssen, brauchen Sie Geduld. Kaum jemand läßt eine Lücke für die Einbieger – nicht einmal dann, wenn der Verkehr auf der Hauptstraße zum Stillstand gekommen ist. Deshalb sind die Behörden auf die Idee gekommen, an stark befahrenen Kreuzungen gelbschraffierte Rechtecke auf die Straße zu malen. Theoretisch sollen diese Rechtecke frei bleiben, um ein Chaos auf der Kreuzung zu verhindern und um dem Querverkehr eine realistische Chance zu geben. In der Praxis klappt das freilich selten.

Das Reißverschlußprinzip ist gänzlich unbekannt. Wer sich bei Fahrbahnverengungen zufällig in der richtigen Spur befindet, führt das offenbar auf göttliche Fügung zurück und dankt seinem Schicksal. Auf die Idee, den in der Nachbarspur gestrandeten Wagen einfädeln zu lassen, kommt selten jemand. Im Berufsverkehr verschärft sich die Situation dramatisch. Allmorgendlich wälzt sich eine Blechlawine aus den Vorstädten in die Innenstadt und zum Feierabend wieder hinaus. Übrigens setzt der Berufsverkehr in Irland später ein als in Kontinentaleuropa: Ab etwa neun Uhr, dann wieder gegen 17 Uhr und um Mitternacht, wenn die Gäste aus den Kneipen hinausgeworfen werden.

In Irland herrscht Linksverkehr. Davon sollten Sie sich jedoch nicht beunruhigen lassen. Lediglich beim Rechtsabbiegen (Gegenverkehr!) und bei der Einfahrt in einen Kreisverkehr ist erhöhte Konzentration geboten. Ansonsten gewöhnen Sie sich schnell daran. Anders sieht es aus, wenn Sie in Irland ein Auto mieten. Das hat das Steuer nämlich rechts. So wird Ihre rechte Hand ins Leere greifen, wann immer Sie die Gänge wechseln wollen. Und statt den Blinker zu betätigen, werden Sie anfangs wohl regelmäßig den Scheibenwischer einschalten. Entgegen weitverbreiteten Befürchtungen sind die Pedale jedoch nicht vertauscht. Trotz Linksverkehrs gilt bei gleichberechtigten Straßen rechts vor links. Wer sich im Kreisverkehr befindet, hat also automatisch Vorfahrt.

Als Autoreisender sollten Sie einen gültigen nationalen Führerschein und die Zulassungspapiere in der Tasche haben. Die grüne Versicherungskarte ist nicht vorgeschrieben, könnte sich aber vor allem in Nordirland als nützlich erweisen. Ein Bekannter von mir durfte in Belfast sogar eine Nacht in Polizeigewahrsam verbringen, weil er die Karte vergessen hatte. Allerdings hatte er zuvor beim Rechtsabbiegen ausgerechnet den nagelneuen Privatwagen eines Polizeibeamten gerammt. Die Kollegen wollten mit ihrem drastischen Vorgehen sicherstellen, daß der Polizist den Schaden ersetzt bekam.

Wer die Anschnallpflicht – sie gilt für die Vordersitze – mißachtet, hat bei den Beamten ebenfalls nichts zu lachen. Auch in der Republik Irland greift man inzwischen schärfer gegen die Sünder durch, nachdem eine unabhängige Untersuchung 1992 ergeben hat, daß sich gerade mal die Hälfte aller Autofahrer anschnallt. Kinder unter zwölf Jahren gehören wie in Deutschland auf den Rücksitz.

Beim Alkohol sind die irischen Behörden entgegen den Vorurteilen über die Grüne Insel nicht großzügiger. Kurz vor Weihnachten 1994 hat die Dubliner Regierung den Höchstwert von 1,0 auf 0,8 Promille heruntergesetzt – und obendrein versucht, den neuen Grenzwert mit verschärften Polizeikontrollen durchzusetzen. Über Nacht traten plötzlich Bürgerinitiativen auf den Plan, die sich zum Anwalt vor allem der Landbevölkerung machten. Diese Menschen seien aufgrund des neuen Gesetzes verraten und verkauft, weil nachts keine öffentlichen Verkehrsmittel fahren. Wer also bis zur Sperrstunde in der Kneipe bleibt, müsse laufen – oder Auto fahren.

Michael Moloney, der Präsident der Gastwirtsvereinigung, malte ein düsteres Bild: Ein Drittel aller Barleute müsse den Hut nehmen, meinte er. Zwar räumte er ein, daß fortan weniger Menschen auf Irlands Straßen ums Leben kämen, doch die Verkehrstoten müsse man in Kauf nehmen: »Wenn fünfzig Leute in der Industrie sterben, schließt man doch auch nicht sämtliche Fabriken.« Niall Duff von Fox's Pub, der höchstgelegenen Kneipe Irlands, setzte noch eins drauf: »Arbeitslosigkeit und Selbstmord treten in Irland gemeinsam auf. Demnächst werden sich Kneipiers und Angestellte das Leben nehmen, wenn sie arbeitslos werden.« Außerdem würden die Touristen ausbleiben, weil ihnen die berühmte Pub-Atmosphäre fehle. Ganz so schlimm kam es dann doch nicht, man fand eine typisch irische Lösung: Nach Weihnachten ging die Zahl der Verkehrskontrollen wieder zurück, und das Thema verschwand aus den Schlagzeilen. Das heißt aber nicht, daß Sie betrunken durch die Gegend fahren können. Wer ertappt wird, muß mit empfindlichen Strafen rechnen.

Im eigenen Interesse empfiehlt es sich, auch die Geschwindigkeitsbegrenzungen einzuhalten. In geschlossenen Ortschaften sind höchstens dreißig Meilen (48 km) pro Stunde gestattet, außerhalb der Ortschaften 55 Meilen (88 km), mit Anhänger 35 Meilen (56 km). Zwar sind mir bisher noch keine Radarfallen begegnet, das Überschreiten der Höchstgeschwindigkeit könnte aber fatale Folgen für Ihr Auto haben: Irlands Landstraßen sind mit einer verblüffenden Variationsbreite von Schlaglöchern gesegnet. Die Reparatur der Straßen verlagert das Problem lediglich: Statt durch Schlaglöcher holpern Sie über Hubbel, die der Lebenserwartung von Reifen und Stoßdämpfern genauso abträglich sind.

Sollten Sie wider Erwarten auf Landstriche mit einwandfreiem Straßenbelag stoßen, sind Sie entweder in Nordirland, oder die irische Präsidentin Mary Robinson hat der Gegend vor kurzem einen Besuch abgestattet. Bevor sie Anfang 1992 in ihre Heimatgrafschaft Mayo reiste, waren Hunderte von Hilfskräften eine Woche lang fieberhaft damit beschäftigt, sämtliche Schlaglöcher zu füllen – eine Maßnahme, die die Anwohner jahrelang vergeblich gefordert hatten. Seitdem hoffen die Autofahrer anderer Grafschaften auf den hohen Besuch, um auch ihre Bezirksverwaltungen auf Trab zu bringen.

Ein weiterer Grund, auf den bundesdeutschen Lieblingssport zu verzichten, sind die Schafe und Kühe, mit denen Sie hinter jeder Kurve rechnen müssen. Vorzugsweise Schafe haben die Angewohnheit, durch Zäune zu schlüpfen und am Straßenrand zu grasen. Deshalb markiert jeder Bauer seine Tiere mit einem Farbfleck, damit er sie abends wieder einsammeln kann. Im Gegensatz zu Kühen, die seelenruhig auf der Straße verweilen, schaffen es die Schafe meistens, den Autos im letzten Augenblick auszuweichen.

Das kann man von Stieren nicht behaupten. Mir ist auf einer einsamen Landstraße einmal ein besonders stattliches Exemplar begegnet, das zunächst friedlich am Straßenrand vor sich hin döste. Von dem Autolärm aufgeschreckt, sprang der Bulle behende auf und versuchte, meinen Kleinwagen zu rammen, verfehlte ihn jedoch um einen halben Meter und landete auf der anderen Straßenseite im Graben. Mein erleichtertes Gelächter ärgerte ihn offenbar, so daß er die Verfolgung aufnahm. Der Stier bewies eine erstaunliche Ausdauer. Ich konnte ihn erst nach einer ganzen Weile und unter Mißachtung jeder Geschwindigkeitsbegrenzung abschütteln. Aber im allgemeinen fährt man ja nicht nach Irland, um durch die Landschaft zu jagen, sondern um sich an ihr zu erbauen.

Um die Erbauung nicht zu gefährden, muß man über die gelben Linien am Straßenrand Bescheid wissen. Mit diesen Linien hat es nämlich eine tiefere Bewandtnis, die Sie auch als Tourist nicht einfach ignorieren sollten –

sonst ergeht es Ihnen wie mir. Ich wollte bei »Eason's« in der Dubliner Innenstadt ein Buch kaufen. Soweit ging auch alles gut. Als ich aus dem Laden kam, machten sich gerade zwei Männer in Overalls am Vorderreifen meines Autos zu schaffen. Ich hatte auf einer doppelten gelben Linie geparkt. Eine einfache Linie bedeutet: Hier darf man auf keinen Fall parken. Zwei Linien: Hier darf man auf gar keinen Fall parken.

Meine Verhandlungsversuche stießen auf taube Ohren – die beiden Männer schenkten mir keine Beachtung und begannen, auch an den Hinterreifen Seile zu befestigen. Da ich von einem Leidensgenossen gehört hatte, daß nur leere Autos per Kran auf den Abschleppwagen gehievt werden dürfen, setzte ich mich ins Auto und verriegelte die Tür von innen. Inzwischen hatten sich Schaulustige angesammelt, darunter ein Reporter des Abendblatts, der mir unbedingt ein paar unflätige Bemerkungen entlocken wollte. Ich widerstand der Versuchung, weil das möglicherweise einen Rachefeldzug unbestimmten Ausmaßes nach sich gezogen hätte. Die Menschenmenge, die mittlerweile den Verkehr zum Erliegen gebracht hatte, ergriff eindeutig für mich Partei, da ich in der Minderzahl war. »Die Gangster kriegen eine Provision, wenn sie Falschparker schnappen«, meinte einer. »Deshalb spezialisieren sie sich auf Kleinwagen; davon passen zwei auf den LKW.«

Nachdem die beiden Herren an allen vier Rädern Seile befestigt hatten, forderten sie mich auf auszusteigen – andernfalls würden sie mich verhaften. Mein höhnisches Gelächter blieb mir im Hals stecken, als unter den Overalls Polizeiuniformen zum Vorschein kamen. Gleichzeitig traf Verstärkung ein: vier weitere Beamte, die den

Menschenauflauf offenbar als Bedrohung der öffentlichen Ordnung einschätzten. Der Augenblick des Nachgebens schien mir gekommen. Ich erklärte dem Oberbeamten, daß ich lediglich wissen wollte, wohin mein Auto verschleppt würde, seine Kollegen mich jedoch ignoriert hätten. Er zeigte sich auskunftsfreudiger: »Zum Depot hinter der Kathedrale.«

Der Zähler des Taxis hatte fast die Schmerzgrenze erreicht, nachdem ich zu Hause zunächst Geld für die zu erwartende Strafe geholt hatte und dann zur Kathedrale gefahren war. Dort stellte sich heraus, daß der Polizist gelogen hatte: Das Depot war zwei Jahre zuvor ans andere Ende der Stadt verlegt worden. Zum Glück war das Taxi noch nicht weg.

Der Beamte hinter dem Schreibtisch in dem ungeheizten Holzverschlag war offenbar bestens über die Vorgänge informiert und hatte schlechte Laune. Ich auch, nachdem ich feststellen mußte, daß ich das Buch – mit dem alles angefangen hatte – im Taxi vergessen hatte. »Zeigen Sie mir Ihren Paß«, sagte der Schrecken aller Parksünder. Der lag natürlich zu Hause. »Dann fahren Sie zurück und holen ihn.« Einen Moment überlegte ich, wie hoch wohl die Strafe für das Abschneiden beamteter Uniformknöpfe sei, verlegte mich dann jedoch auf ein Gespräch von Mensch zu Mensch. Das ging ihm schon bald auf die Nerven: Er strich das Bußgeld ein, warf mir die Autoschlüssel hin und wünschte mir eine gute Heimfahrt.

Dieser Wunsch stellte sich nach fünf Kilometern als purer Sarkasmus heraus. Die Kiste blieb stehen – natürlich auf einer gelben Linie. Motor überhitzt. Der Wasserschlauch für die Kühlung war mit einem sauberen

Schnitt durchtrennt worden. Glücklicherweise war die Telefonzelle, von der ich ein Taxi rief, nur vierhundert Meter entfernt. Zugegeben: Das war Pech. Normalerweise erhalten ausländische Verkehrssünder zwar einen Strafzettel, der aber nur in Ausnahmefällen an die Heimatadresse nachgesandt wird. Das soll keine Aufforderung sein, die Gesetze zu brechen!

Soweit zu den Verkehrsregeln, die recht eindeutig sind. In der Praxis geht dennoch vieles schief. Eine grüne Welle gibt es in Irlands Städten nicht. Die Ampeln sind nicht aufeinander abgestimmt, selbst wenn sie nur hundert Meter auseinanderliegen. Das ist möglicherweise ein Grund dafür, daß rote Ampeln in Irland als Provokation gelten. Wenn die Ampel umschaltet, huschen noch so lange Autos über die Kreuzung, bis sich der Querverkehr in Bewegung gesetzt hat. Trauen Sie keinesfalls Ampeln, die den Eindruck erwecken, sie seien abgeschaltet. Ampeln werden in Irland so gut wie nie abgeschaltet. Wahrscheinlicher ist es, daß die Birnen kaputt sind. Während Sie sich also auf einer Vorfahrtstraße wähnen, zeigt die Ampel für den Querverkehr womöglich Grün.

Ihre Vermutung, daß viele irische Autofahrer den Führerschein im Lotto gewonnen haben, ist nicht ganz abwegig. Wer 17 Jahre alt ist, kann einen provisorischen Führerschein beantragen. Theoretisch darf er sich dann in Begleitung eines Fahrkundigen in den Verkehr stürzen. In der Praxis legen viele diese Vorschrift sehr eigenwillig aus und verzichten auf den Beifahrer. Ein rotes »L« im Rückfenster (*Learner*) sollten Sie lieber ernst nehmen. Es ist durchaus möglich, daß der Fahrer sich gerade zum ersten Mal mit seinem Wagen auf die Straße wagt. Der provisorische Führerschein ist zwei Jahre gültig. Danach soll man sich zur Fahrprüfung anmelden. In der Vergangenheit haben sich viele die Frist immer wieder verlängern lassen und sind ein halbes Leben lang herumgefahren, ohne jemals eine Prüfung abgelegt zu haben. Dem hat das Parlament schließlich einen Riegel vorgeschoben: Seit dem 1. August 1994 muß jede(r) Ire / Irin innerhalb von vier Jahren nach Beantragung des provisorischen Führerscheins die Prüfung ablegen – andernfalls bleibt er / sie lebenslang Fußgänger.

Auch wer einen vollwertigen Führerschein besitzt, muß noch lange nicht die Kunst des Autofahrens beherrschen. Als sich auf dem Schreibtisch der zuständigen Behörde in den siebziger Jahren die Anmeldungen zur Fahrprüfung stapelten und die dünne Personaldecke zum Reißen gespannt war, verfielen die Beamten auf die geniale Idee, die Führerscheine einfach ohne Prüfung per Post zuzuschicken. Dadurch war der Schreibtisch für einen Neuanfang geräumt, und die Empfänger freuten sich über den unverhofften Lotteriegewinn.

Die Fußgänger hatte freilich niemand gefragt. Sie zeichnen sich – wie ihre motorisierten Landsleute – nicht durch übermäßige Beachtung der Verkehrsregeln aus. Es ist atemberaubend mitanzusehen, wie sich die Autos in Dublins O'Connell Street zügig auf den Fußgängerpulk zu bewegen, der gerade bei Rot die Straße überquert. Im letzten Augenblick bildet sich eine Schneise, durch die die Autos hindurchfahren können. Kein Fahrer käme auf die Idee, dort abzubremsen, weil sonst der Fußgängerstrom kein Ende nehmen würde: Stehende Autos werden nicht für voll genommen. Umgekehrt lassen sich die Autofahrer auch nicht von Fußgängerüberwegen beeindrucken. Die Zebrastreifen dienen lediglich als Sammelpunkte für Menschen, die gemeinsam die gefährliche Reise auf die andere Straßenseite antreten. Das gilt allerdings nur für die südirischen Städte.

In Nordirland werden Zebrastreifen geachtet. Dort ist es immer noch verboten, einen Ersatzkanister mit Benzin im Auto mit sich zu führen: Er wird als potentielle Brandbombe gewertet. Außerdem ist der Kanister unnötig, da das Tankstellennetz in Irland sehr dicht ist. In den Großstädten haben viele Tankstellen rund um die Uhr geöffnet.

Ebenso abenteuerlich wie das Verhältnis zwischen Autofahrern und Fußgängern in der Republik Irland ist die Beleuchtung an vielen Wagen. Offenbar ist es höhere Gewalt, wenn eine Birne kaputtgeht. In keinem europäischen Land werden Ihnen so viele »Einäugige« begegnen wie in Irland. Schlimmer ist jedoch, daß niemandem einfällt, das Licht – falls es funktioniert – überhaupt einzuschalten, solange noch die Hand vor Augen zu erkennen ist. In den Städten, wo die Straßenbeleuchtung für eine gewisse Grundhelligkeit sorgt, fahren viele ohne Licht. Selbst die Doppeldeckerbusse schalten höchstens Standlicht ein. Und bei Motorradfahrern ist der Selbsterhaltungstrieb in diesem Punkt völlig unterentwickelt.

Gleiches gilt übrigens für das Blinken, das keinesfalls selbstverständlich ist. Vor ein paar Jahren stand ein Mann aus einer Kleinstadt in Westirland vor Gericht, weil er rechts in die Auffahrt zu seinem Haus abgebogen war, ohne zu blinken. Der nachfolgende Wagen, der gerade zum Überholen angesetzt hatte, konnte nicht mehr bremsen, so daß es Blechschaden gab. Der Sünder

— 33 —

räumte ein, daß er nicht geblinkt habe, verteidigte sich jedoch mit den Worten: »Jedes Kind weiß doch, daß ich da wohne.«

Ohnehin wird es Sie überraschen, in welchem Zustand sich viele Autos über die Straßen schleppen. Ein TÜV ist in Irland nicht vorgeschrieben, für besonders betagte Gefährte verlangt lediglich die Versicherung eine technische Untersuchung. Diese Hürde ist freilich nicht sehr hoch. Solange der Wagen über vier Räder verfügt und während der Untersuchung keine wichtigen Teile verliert, bekommt man den Stempel in der Regel ohne Schwierigkeiten. Wegen der hohen Werkstattpreise reparieren viele Iren ihre Autos selbst. Sollten Sie also im Urlaub Probleme mit ihrem Wagen haben, fragen Sie ruhig im nächsten Pub nach einem Freizeitmechaniker. Die meisten sind sehr fachkundig und obendrein sehr preiswert. Bei Glasbruch finden Sie im Dubliner Branchenbuch zahlreiche Autoglasereien, die rund um die Uhr geöffnet haben. Aus gutem Grund: Autoeinbrüche sind in der Dubliner Innenstadt leider keine Seltenheit mehr. Wer sein Auto abstellt und auf dem Rücksitz eine Tasche, einen Mantel oder gar eine Kamera liegenläßt, sollte das Auto gar nicht erst abschließen. So spart man sich wenigstens die Kosten für eine neue Scheibe.

Es gibt Kinderbanden, die sich auf Autos spezialisiert haben. Eine Gruppe steht an einer Ampel und kontrolliert die Beifahrersitze der haltenden Autos unauffällig auf Wertgegenstände. Sind die Kinder fündig geworden, signalisieren sie das an die »Kollegen«, die an einer nur wenige hundert Meter entfernten Fußgängerampel warten. Durch Knopfdruck werden die Autos erneut zum Halten gezwungen. Ein Stein durch das Seitenfenster, und schon hat die Handtasche den Besitzer gewechselt. Mir haben sie die Scheibe einmal wegen eines Schokoriegels eingeschlagen, der im Rückfenster lag.

Lassen Sie sich von meinen Warnungen vor irischen Autofahrern und räuberischen Kinderbanden nicht abschrecken. Das meiste gilt nur für die Großstädte und vor allem für Dublin. Und selbst dort ist Ihr Auto nicht stärker gefährdet als in anderen europäischen Großstädten – aber auch nicht weniger. Die Zeiten, wo man in Irland seine Tasche am Straßenrand abstellen konnte und sie nach einer Woche dort unberührt wiederfand, sind vorbei. Auf dem Land funktioniert das unter Umständen noch heute. Dort lauern dafür andere Tücken: die Ortshinweisschilder. Sie sind zweisprachig, englisch und irisch. In der Nähe von Gaeltachts – den stetig schrumpfenden Gebieten, wo Irisch die Umgangssprache ist – findet man die englische Bezeichnung manchmal übermalt. Wer dann nicht weiß, daß Cloch Liath auf der in Deutschland gekauften Landkarte Greystones heißt, sitzt in der Tinte. Darüber hinaus drehen Spaßvögel die Schilder zuweilen um, so daß sie in die entgegengesetzte Richtung zeigen. Im allgemeinen ist auf die Hinweistafeln jedoch Verlaß.

Die neuen grünen Schilder an den Nationalstraßen geben die Entfernung jetzt in Kilometern an, genauso wie die neuen weißen Schilder an den Nebenstraßen. Die Bezeichnung »km« ist aber winzig klein und im Vorbeifahren kaum zu erkennen. Da die alten Schilder mit ihren Meilenangaben ebenfalls weiß sind, kann das zu Verwirrung führen. Aber im Urlaub kommt es Ihnen wahrscheinlich nicht auf ein paar Kilometer an – ein Kilometer ist ungefähr fünf Achtel einer Meile.

Sollten Sie sich im Winter mit dem Auto nach Irland wagen, können Sie vielleicht den Schneeräumdienst bei der Arbeit beobachten. Auf der Ladefläche eines offenen Lastwagens stehen zwei Männer mit einem Eimer Sand, die abwechselnd den Sand auf die Fahrbahn schaufeln, wenn sie nicht gerade eine Zigarettenpause machen; dann bleibt die Fahrbahn glatt. Da es in Irland nur selten schneit und der Schnee noch seltener für ein paar Tage liegenbleibt, wären Räumfahrzeuge die pure Geldverschwendung, die auch dadurch nicht wettgemacht würde, daß Schulen und Fabriken bei Schnee nicht schließen müßten.

Daß hier so ausführlich von den Verkehrsregeln für Autofahrer die Rede ist, hat seinen guten Grund: Um Irland mit öffentlichen Verkehrsmitteln zu bereisen, benötigt man viel Zeit. Das Eisenbahnnetz ist sehr grobmaschig und darüber hinaus hauptstadtorientiert. Von Dublin fahren zwar Züge in alle größeren Städte; wer jedoch vom Südwesten per Eisenbahn in den Westen will, muß zunächst in die Landesmitte zurück, um dort umzusteigen.

Einen Fahrplan erhält man am Bahnhof oder – falls er dort nicht vorrätig ist – per Fernsprechansagedienst. Die Telefonnummer für die gewünschte Strecke entnehmen Sie dem Telefonbuch. Schauen Sie unter »C« nach: Die irische Eisenbahngesellschaft heißt Córas Iompair Éireann. Auf die Abfahrtzeiten sollten Sie sich nicht unbedingt verlassen. Verspätungen sind an der Tagesordnung.

Mit dem Bus gelangen Sie auch in kleinere Orte, allerdings ist dieses Verkehrsmittel genauso unpünktlich. Fahrpläne erhalten Sie im Busbahnhof in der Dubliner Innenstadt oder telefonisch bei Bus Éireann. Die Busgesellschaft mußte vor einiger Zeit die Preise senken, weil die billigen Privatbusse ihr die Kunden weggeschnappt hatten. Diese Privatbusse verkehren vor allem am Wochenende, um Leute vom Land, die in Dublin Arbeit gefunden haben, über das Wochenende in den Heimatort zu bringen.

Noch ein Wort zu den Autobussen in Dublin: Falls Sie nicht gerade in die Innenstadt wollen, ist Busfahren in der Hauptstadt umständlich. Die meisten Busse fahren nämlich durch die O'Connell Street im Zentrum, Querverbindungen sind selten. Wer auf öffentliche Verkehrsmittel angewiesen ist, muß den Pub rechtzeitig verlassen, weil die Busse und der DART (Dublin Area Rapid Transit), eine bequeme Schnellbahn, die die Küstenorte Howth im Norden und Bray im Süden verbindet, nur bis etwa halb zwölf verkehren. Danach fahren auf den Hauptstrecken zwar noch ein paar Nachtbusse, aber die Fahrscheine muß man sich vorher besorgen, da die Fahrer zum Schutz vor Überfällen kein Geld bei sich tragen.

Vielleicht entscheiden Sie sich ja auch für die umweltfreundliche Variante und entdecken Irland mit dem Fahrrad. Dann sollten Sie Dublin lieber meiden. Es gibt wohl keine fahrradfeindlichere europäische Großstadt. Dublin verfügt über ganze sieben Kilometer Radwege. Wer sich auf einem Drahtesel auf die Straßen der irischen Hauptstadt begibt, lebt gefährlich: Radfahrer werden nicht als gleichberechtigte Verkehrsteilnehmer angesehen und müssen ständig vor den Autos auf der Hut sein.

Trickreich schlagen irische Radfahrer den Autofahrern ein Schnippchen: Sie wagen sich erst bei völliger Dunkelheit mit ihren Zweirädern auf die Straße und fahren ohne Licht, damit sie sich von den Autofahrern unbemerkt durch den Verkehr schlängeln können.

Einen Vorteil bietet Dublin auch den Radfahrern: In der Temple Bar im Zentrum gibt es eine Fahrrad-Kooperative (Square Wheel Cycleworks), wo man Räder nicht nur mieten, reparieren oder diebstahlsicher abstellen kann, sondern die freundlichen Mitarbeiter sind auch bei der Ausarbeitung von Streckenplänen behilflich und haben tausend Tips auf Lager. Danach können Sie sich getrost auf eine Irland-Rundfahrt begeben. Fahrradenthusiasten behaupten, das ländliche Irland sei ein Radlerparadies: Die Nebenstraßen sind gewunden und unübersichtlich – ein Alptraum für Autofahrer. Doch ohne ein tourentaugliches Rad mit zehn Gängen wird man sich selbst im Radlerparadies totstrampeln. Wenn Sie Ihr eigenes Rad mitnehmen, sollten Sie auch Ersatzteile einpacken: Schläuche, Reifen (der irische Straßenbelag ist rauh), Schraubenschlüssel und vor allem Schrauben, da in Irland oft nur Schrauben mit Zollgewinde erhältlich sind.

Auch das beste Rad fährt nicht von allein. Zur Streckenplanung gehört eine realistische Einschätzung der Kondition. Die Grafschaften im südlichen Teil des Landesinnern bestehen vorwiegend aus weiten Ebenen und harmloseren Hügelketten – ideal für Amateurradler. Obwohl die Landschaft durchaus ihre Reize hat, stößt man hier übrigens kaum auf Touristen. Die tummeln sich alle an der abwechslungsreicheren Westküste. Viel Training ist dagegen nötig, um die Gipfel der

Mourne Mountains an der inneririschen Grenze im Osten der Insel zu erklimmen. Und den O'Connor-Paß in Kerry im Südwesten müssen Sie ja nicht unbedingt per Rad bewältigen: Es gibt auch eine flache Küstenstraße, die auf die Halbinsel jenseits der Berge führt.

Onkel Seamus muß nach Südostasien

Das Telefon ist eine großartige Erfindung. In Irland ist es nicht nur Hilfsmittel für die Kommunikation, sondern manchmal zugleich deren Hauptthema. Beim Aufstieg und Fall von Industriellen und Politikern spielt es mitunter eine entscheidende Rolle.

Michael Smurfit zum Beispiel, einer der reichsten Männer Irlands, hatte auf dem Gipfel seiner unternehmerischen Karriere das Management der halbstaatlichen Telefongesellschaft Telecom Éireann als Nebenjob übernommen. Später stellte sich heraus, daß er im Namen von Telecom zwei Gebäude für das Doppelte des Marktwerts angekauft hatte. Weil er gleichzeitig Eigentümer – und damit Verkäufer – der beiden Betonklötze war, mußte er seinen Hut nehmen. Auch dem schillernden Premierminister Charles Haughey wurde das Telefon zum Verhängnis: Als sein ehemaliger Justizminister Sean Doherty 1992 verriet, daß Haughey Abhörwanzen in den Telefonen von zwei Journalisten persönlich abgesegnet hatte, fand eine dreißigjährige politische Karriere ihr jähes Ende.

Lauschangriffe auf nichtsahnende Bürger sind offenbar keine Seltenheit, wie eine Lehrerin während eines wochenlangen Streiks des Lehrpersonals erfahren mußte. Um finanziell über die Runden zu kommen, hatte sie einen Job als Putzfrau angenommen – ausgerechnet bei Telecom. Nach Dienstschluß trank sie noch ein Täßchen Tee mit den Technikern, die ihr danach die Abteilung mit den verwanzten Telefonnummern zeigten. Zu ihrem Entsetzen fand sie ihre eigene Nummer darunter.

Zuweilen sind irische Telefone gar zu technischen Wundern fähig. Nachdem ich den Anruf eines Kollegen aus dem nordirischen Derry erhalten hatte, drückte er mitten im Gespräch versehentlich auf die Gabel. Ich hatte noch nicht aufgelegt, als im Hörer plötzlich ein Rufzeichen ertönte. Der Kollege meldete sich und bedankte sich für meinen schnellen Rückruf. Den hatte das Telefon jedoch eigenmächtig vorgenommen.

Die Zeiten, da ein Ferngespräch zur Tagesbeschäftigung werden konnte, sind seit Anfang der achtziger Jahre glücklicherweise vorbei. Heute verfügt Irland über eines der modernsten Telefonsysteme Europas. An einem frühen Sonntagmorgen erhielt ich den Anruf eines Telecom-Mitarbeiters, der triumphierend den Fortschritt verkündete: »Sie sind jetzt digitalisiert.« Der Techniker, der die Schaltung vorgenommen hat, war es offenbar nicht. Eine Woche lang schlugen sämtliche Versuche fehl, Auslandsgespräche zu führen. Egal, in welches Land der Anruf gehen sollte – jedesmal meldete sich dieselbe sonore Stimme vom Band: »Telecom Neuseeland teilt mit, daß sich die Nummer geändert hat.« Und wie zur Beruhigung der Zusatz: »Dieser Anruf war gebührenfrei.«

Inzwischen funktioniert alles tadellos. Für einen geringen Aufpreis kann man sich verschiedene mehr oder weniger nützliche technische Spielereien zuschalten las-

41

sen: die Umleitung von Gesprächen auf eine andere Nummer, Dreiweggespräche, Konferenzschaltungen, ein Piepton während eines Gesprächs als Signal für einen wartenden Anrufer und vieles mehr. Beim Ausbau des Telefonnetzes hinkt Irland den anderen EU-Ländern mit Ausnahme Portugals allerdings hinterher: Nur gut ein Viertel der Bevölkerung hat einen Hauptanschluß.

Interessanter für Sie ist die Zahl der öffentlichen Fernsprecher. Keine Bange: Münztelefone finden Sie selbst in den entlegensten Winkeln der Insel. Die alten grünen Zellen – beziehungsweise die britischen roten Zellen in Nordirland – werden zunehmend durch Rauchglashäuschen ersetzt. Außerdem erfreuen sich Kartentelefone immer größerer Beliebtheit. Die dazugehörigen Karten erhalten Sie bei Postämtern, in vielen Zeitungsläden und kleineren Geschäften sowie an größeren Tankstellen. In Nordirland benötigen Sie natürlich britische Telefonkarten. Dort haben die älteren Münzapparate eine besondere Eigenschaft: Sie können Ihr Kleingeld erst in den Münzeinwurf drücken, wenn sich der andere Gesprächsteilnehmer gemeldet hat und ein Signalton im Hörer ertönt. Das kann – so weiß ich aus eigener Erfahrung – recht nervtötend sein: Ist der Angerufene mit den Eigenheiten nordirischer Telefone nicht vertraut, legt er beim Piepton möglicherweise gleich wieder auf. Die Vorwahl nach Irland ist 00353, nach Nordirland (wie Großbritannien) 0044. Wollen Sie aus Irland daheim anrufen, müssen Sie 0049 für Deutschland, 0043 für Österreich und 0041 für die Schweiz vorwählen. R-Gespräche nach Deutschland sind nicht möglich: Wählen Sie die kostenlose Nummer 1800550049, aus Nordirland 0800890049.

Nach der neuen Gebührenordnung von 1993 sind Auslandstelefonate deutlich billiger. Ein Gespräch nach Deutschland kostet nun 43 Pence pro Minute, nach Österreich und in die Schweiz 58 Pence. Nachts und an Wochenenden wird es noch billiger. Die großzügigste Gebührensenkung gab es bei Telefonaten nach Südkorea, Taiwan und Indonesien – nämlich um 1,50 Pfund pro Minute. Dafür kostet dank Einführung des Dreiminutentakts bei Ortsgesprächen ein viertelstündiges Gespräch mit Onkel Seamus um die Ecke jetzt das Fünffache. Wenn man den Onkel allerdings dazu überreden könnte, nach Südostasien zu ziehen, ginge die Rechnung wieder auf. Nun, ganz so schlimm ist es nicht: An Wochenenden kann man republikweit zehn Minuten lang für den Preis einer Gebühreneinheit sprechen. Das gilt auch für Anrufe nach Nordirland. Härter als die »Neustrukturierung« der Telefongebühren trafen die Kunden die Veränderungen bei der Mehrwertsteuer. Die wurde erst von zehn auf 16 und im April 1994 schließlich auf 21 Prozent erhöht. Für ausländische Besucher macht sich das freilich kaum bemerkbar.

Trotz der Modernisierung treten hin und wieder Probleme auf. Mein Nachbar wollte lediglich das Telefon der Vormieter übernehmen und rief zu diesem Zweck bei Telecom an. Die Auskunft war frappierend: »Das dauert mindestens sechs Monate. Wir haben keine Leitungen in dieser Gegend.« Der Nachbar wandte voller Zuversicht ein, daß er gerade von zu Hause aus anrufe. Das machte nicht den geringsten Eindruck auf den Beamten: »Nein, das kann nicht sein.« Erst nach sechs Monaten merkte die Telefongesellschaft, daß da jemand auf einer angeblich nicht existierenden Leitung gebührenfrei telefonierte.

Nicht immer erweist sich ein Fehler eines irischen Dienstleistungsbetriebs als Vorteil für den Kunden. So bescherte mir ein schlechter Fernsehempfang eine Überschwemmung. Das Unglück fing damit an, daß ich bei der Kabelgesellschaft Cablelink anrief und mich über das verschneite Bild beschwerte. Noch am selben Abend stand ein schlechtgelaunter junger Mann vor der Tür und wollte ein neues Kabel ziehen. Cablelink-Angestellte müssen wie rohe Eier behandelt werden: Ohne Kabel kann man nämlich weder die drei britischen Sender noch den nordirischen Kanal empfangen, sondern muß sich mit den beiden recht hausbackenen Programmen des irischen Fernsehens RTE zufriedengeben.

Der Mechaniker genoß ganz offensichtlich seine Macht und schickte mich in die Küche zum Teekochen, während er den Bohrer unten an der Hauswand ansetzte. Im nächsten Augenblick war es dunkel, und ein sanftes Plätschern und Glucksen durchbrach die Stille. Der Experte hatte nicht nur das Stromkabel, sondern auch das Heizungsrohr unter dem Fußboden durchbohrt. Sofort wälzte er die Schuld auf mich ab: »Da dürften gar keine Rohre verlaufen.« Hätte ich sie vorher etwa beiseite räumen müssen? Wer konnte ahnen, daß der Unglücksrabe sich um zwanzig Zentimeter verschätzen und mit seinem Bohrer tief im Fußboden – statt auf der anderen Seite der Wand – landen würde. Das Wasser verteilte sich langsam unter den Teppichen, und bei jedem Schritt quietschte es leise.

Schließlich holte er sieben Kollegen zu Hilfe, die zunächst Kaffee und Tee bestellten. Dann gelang es ihnen zwar, Stromkabel und Heizungsrohr zu reparieren, aber nun war das gesamte Heizungssystem voller Luft. Wieder Kaffee und Tee. Es dauerte geschlagene drei Tage, bis die glorreichen Sieben es schafften, die Blähungen zu beseitigen. Ich wußte längst, wer Tee und wer Kaffee bevorzugte, wer die Heißgetränke schwarz oder mit Milch zu sich nahm und wieviel Zucker in die entsprechenden Tassen gehörte. Der Fernsehempfang war danach schlechter als zuvor. »Sei getröstet«, sagte der Cablelink-Täter, »der Empfang ist jetzt im gesamten Viertel schlecht.« Das war die irische Lösung: Gleiches Unrecht für alle.

In dem völlig unbegründeten Vertrauen darauf, daß nicht jeder Besuch eines Handwerkers mit einer Katastrophe enden kann, beschloß ich, das Geld, das die Cablelink-Versicherung nach einem halben Jahr herausgerückt hatte, in neue Fensterrahmen zu investieren. Vier Tage sollte der Einbau dauern. Nachdem Noel, der Handwerker, die verrotteten Holzrahmen ausgebaut hatte, war er jedoch spurlos verschwunden. Eigentlich wollte er bloß Dichtungsmaterial im Laden um die Ecke kaufen. Drei Tage später tauchte er zum Mittagessen auf. »Autounfall«, sagte er, »der Fahrer, der mich gerammt hat, beging Fahrerflucht. Ich hinterher. Deshalb konnte ich erst heute kommen.« Das Dichtungsmaterial? »Hole ich nach dem Essen.«

Nach einer Woche stand er wieder vor der Tür. Zum Mittagessen. »Autounfall«, lautete die verblüffende Erklärung für seine Abwesenheit. »Wieder mit Fahrerflucht.« Für das Dichtungsmaterial habe er nach der Autoreparatur kein Geld mehr gehabt. Außerdem sei bald Weihnachten, und er müsse noch Geschenke für seine Frau und seine drei Kinder kaufen. Weihnachten ist das Fest der Liebe, sagte ich mir und gab ihm zweihundert Pfund. Gegen Neujahr wurde ich unruhig. Die durchschnittliche Temperatur im Haus hatte sich bei sieben Grad eingependelt. Keine Spur von Noel. Ein vorsichtiger Anruf brachte Überraschendes ans Licht:

»Ist Noel zu Hause?«

»Nein, ich habe ihn schon seit zehn Tagen nicht gesehen.«

»Sind Sie seine Frau?«

»Frau? Welche Frau? Ich bin seine Mutter.«

Die Frage nach den Kindern ersparte ich mir. Als ich beiläufig erwähnte, daß ich bereits einen Vorschuß gezahlt hatte, brach die Mutter in Gelächter aus: »Was denn, du hast ihm Geld gegeben? Ja, warum soll er denn dann arbeiten? Den siehst du erst wieder, wenn das Geld alle ist.« Vier Tage später war es soweit. Pünktlich zur Mittagszeit war er wieder da. Auf meine Vorhaltungen und den verzweifelten Hinweis auf das Thermometer reagierte er gelassen: »Ihr Deutschen lebt, um zu arbeiten. Wir Iren dagegen arbeiten, um zu leben.«

Jedes Jahr gehen in Irland Tausende von Arbeitstagen wegen Krankheit verloren, darunter auffällig viele Montage. Um dem »Blaumachen« vorzubeugen, haben viele Arbeitgeber eine Regelung gegen den Willen der Gewerkschaften durchgesetzt, wonach bei kurzen Krankheiten der Lohn nicht fortgezahlt wird. Wer weniger als zwei Wochen krank ist, muß zum Sozialamt gehen und für diese Zeit Sozialhilfe beantragen. Viele, die wegen Erkältung oder Katers einen Tag im Bett bleiben wollen, lassen sich gleich für 14 Tage krankschreiben, damit sie keine Lohneinbußen haben. Umgekehrt schleppen sich natürlich genauso viele trotz Krankheit zur Arbeit.

Nach vier Monaten zog Noel schließlich die letzte Schraube am Fensterrahmen fest. Ein Gefühl tiefer Erleichterung erfüllte mich. In der Zwischenzeit hatte Noel nämlich drei Wochen in London auf dem Bau gearbeitet und zwei weitere Autounfälle erlitten. Mit Fahrerflucht, versteht sich. Dann war seine Oma gestorben. Eine Woche später war sie schwerkrank. Beim vermeintlich letzten gemeinsamen Mittagessen gelang es Noel, mir eine billige Dusche aufzuschwatzen. Komplett mit Einbau und neuem, supermodernem Sicherungskasten. Fünf Wochen später fehlte nur noch eine Schraube am Temperaturregler. Um die richtige Größe zu besorgen, nahm er den Drehknopf kurzerhand mit. Am nächsten Tag wanderte er endgültig nach England aus. Mit dem Drehknopf. Da die irische Herstellerfirma längst Pleite gemacht hatte, läßt sich die Temperatur nur mit einer Zange regeln. Ein Elektriker hat inzwischen festgestellt, daß der supermoderne Sicherungskasten gar keine Sicherungen enthält. Noel hatte sie einfach mit Kabeln überbrückt. Statt des Sicherungskastens hätte er genausogut eine Schachtel Pralinen an die Wand nageln können. Aber Noel ist nicht faul. Er arbeitet nur, um zu leben.

Sie werden in Ihrem Urlaub weder auf Noel noch auf den Fernsehmechaniker angewiesen sein, doch an den Beispielen können Sie unschwer ablesen, daß Geduld angebracht ist, wenn Sie es mit irischen Dienstleistungsbetrieben zu tun haben – sei es beim Besuch eines Arztes, dem Sie das Formblatt E 111 erklären müssen, das Sie sich vor Reiseantritt von Ihrer Krankenkasse besorgt haben, weil es zur kostenlosen Behandlung berechtigt; sei es auf der Bank, wo man Ihre Scheckkarte mißtrauisch mit dem Muster im Buch vergleicht.

Im Normalfall wird es jedoch keine Probleme geben: Mag die Arztpraxis vielleicht einen altmodischen Eindruck machen, so ist der Arzt keineswegs minder qualifiziert als seine Standesgenossen in Ihrer Heimat. Und Ihren Euroscheck löst Ihnen jede Bank kostenlos ein. Nach 16 Uhr, wenn die meisten Banken geschlossen sind, oder falls die Bankangestellten gerade im Streik sind, können Sie sich mit Ihrer Euroscheck- oder Kreditkarte an einem Geldautomaten (*Hole in the wall*) bedienen, die Sie in den Städten an jeder zweiten Ecke finden. In nordirischen Automaten funktioniert die Euroscheckkarte leider nicht. Außerdem wird in Nordirland kein südirisches Geld akzeptiert.

Apropos Streik: Irland kennt kein gesetzlich festgelegtes Streikrecht, aber eine Art Straffreiheit für streikende Gewerkschaften. Ende der achtziger Jahre lag Irland nach Spanien, Griechenland und Italien noch an vierter Stelle in der europäischen Streikstatistik. Inzwischen ist die Zahl – durchschnittlich knapp vierhundert Streiktage je tausend Beschäftigte im Jahr – zurückgegangen, auch wenn 1992 erst das Bankpersonal, dann die Fernsehangestellten und die Hafenarbeiter und schließlich die Postler erbitterte Arbeitskämpfe führten.

Die Bevölkerung nahm das erstaunlich gelassen hin. Während des Poststreiks hatten findige Köpfe einen Botendienst nach Nordirland eingerichtet, wo die Post aufgegeben werden konnte, doch sie mußten diesen Service mangels Interesse wieder einstellen. Lediglich die kleinen Firmen kamen in Schwierigkeiten, da sie sechs Wochen lang weder Schecks noch Aufträge erhielten. Die staatlichen Unternehmen halfen sich selbst und richteten eine Kinderpost ein: Gas-, Strom- und Telefonrechnun-

— *48* —

gen wurden von Zwölfjährigen ausgetragen – diese Tätigkeit fällt nicht unter das gesetzliche Verbot der Kinderarbeit.

Als dann aber noch die Angestellten in den Elektrizitätswerken streikten, versank das ganze Land im Chaos. Ampelanlagen fielen aus, die Straßenbeleuchtung brannte tagsüber, weil die Zeitschaltuhren aufgrund des Stromausfalls durcheinandergeraten waren; Bauern konnten ihre Rinderherden nicht melken, die Pumpen der Tankstellen funktionierten nicht, Bankautomaten, Fahrstühle, Kinos, Theater und Rundfunkanstalten waren ebenfalls betroffen. Und am schlimmsten für Einheimische und Touristen gleichermaßen: In den Kneipen konnte bei Kerzenlicht nur noch Flaschenbier serviert werden – die modernen Zapfanlagen benötigen Strom.

Dracula lebt nicht in Transsylvanien

Auf dem Land werden Ihnen häufig kleine, verwilderte Hügel auffallen, die auf den Äckern und Viehweiden völlig fehl am Platz scheinen. Manche sind mit Bäumen bewachsen oder von Gestrüpp überwuchert, andere sind nur von langem Gras bedeckt. Obwohl es eine Kleinigkeit wäre, die Hügel abzutragen, macht jeder Bauer mit seinem Traktor einen Bogen um sie. Die Hügel, so weiß der Bauer nämlich, sind von Feen bewohnt, und wer sie stört, wird noch vor Jahresende eine böse Überraschung erleben.

Ein Feenhügel heißt *Rath* – oder auf Irisch: *Lis*. Wie weit verbreitet sie sind, kann man an den Ortsnamen ablesen: Rathdrum, Rathnew, Lidoonvarna, Lismore und viele mehr. Die Feen sind gefürchtet, weil sie gerne kleine Knaben stehlen und statt ihrer einen Wechselbalg hinterlassen. Bis Mitte dieses Jahrhunderts wurden kleine Jungen deshalb in Mädchenkleider gesteckt, und die Haare schnitt man ihnen erst zur Einschulung.

Die irische Volksüberlieferung kennt zwei Erklärungen für die Herkunft der Feen: In den meisten Geschichten werden sie als Abkömmlinge des Volkes der Göttin Dana bezeichnet, das vor langer Zeit in Irland lebte. Das Volk der Dana war berühmt für seine Poesie, Zauberkraft und Baukunst. Als es von den Milesiern, die später nach Irland kamen, besiegt wurde, mußten sich die Danaer in die Berge und Höhlen an der Küste zurückziehen. So verloren sie schließlich den engen Kontakt zu den Menschen. Eine spätere Theorie, die ihre Wurzeln im Christentum hat, besagt, die Feen seien gefallene Engel. In der großen Schlacht zwischen Gott und Luzifer um die Herrschaft über das Universum hatten sie sich nicht für eine Seite entscheiden können; deshalb wurden sie zur Strafe aus dem Himmel verbannt und müssen bis zum Jüngsten Gericht auf der Erde leben.

In Irland können Ihnen die unterschiedlichsten Feengestalten begegnen. Manche sind Einzelgänger, andere wiederum leben in großen Gesellschaften. Das »Stille Volk«, die *Shefro*, gehören zur zweiten Gruppe. »Den Menschen sind sie unsichtbar, zumal am Tage«, schrieben 1825 die Gebrüder Grimm, die viele irische Märchen gesammelt und übersetzt haben, »und da sie zugegen sein und mit anhören könnten, was man spricht, so drückt man sich nur vorsichtig und mit Ehrerbietung über sie aus und nennt sie nicht anders als das gute Volk, die Freunde; ein anderer Name würde sie beleidigen... Ihre geheimen Kräfte, ihre Zaubermacht sind so groß, daß sie kaum Grenzen kennen. Nicht bloß die menschliche, jede andere Gestalt, selbst die abschreckendste, können sie augenblicklich annehmen, und es ist ihnen ein leichtes, in einer Sekunde über eine Entfernung von fünf Stunden hinwegzuspringen.«

Der *Leprechaun* gehört zu den Einzelgängern. Er ist ein winziger Schuhmacher, der weiß, wo immense Goldschätze versteckt sind. Es gibt unzählige Geschichten über Leprechauns, die von Menschen gefangen wurden, damit sie ihnen ein Schatzversteck verrieten. Da der

Leprechaun aber gewitzt ist und zaubern kann, behält er meistens die Oberhand. Vor dem *Cluricaun* müssen Sie sich in acht nehmen. Man findet ihn wie den Leprechaun niemals in Gesellschaft. Er lebt gerne an Orten, wo größere Mengen Alkohol gelagert werden. Wegen seiner Trunksucht und Boshaftigkeit kann er den Menschen manch unangenehmen Streich spielen. Entschließt er sich hingegen, bei einer Familie zu bleiben, so hilft er ihr und verhütet Unfälle. Vergißt man jedoch, ihm seine Mahlzeit an einen bestimmten Ort zu stellen, so wird er zornig.

Die *Banshee* ist eine Feenfrau, die den Tod ankündigt. Alteingesessenen Familien erscheint sie als schönes junges Mädchen oder auch als steinalte Frau und schleicht laut klagend ums Haus. Dann wissen die Bewohner, daß ein Familienmitglied bald sterben wird. Der Klagegesang der Banshee heißt im Irischen *caoineadh*, woraus sich das englische *keening* herleitet. Daher rührt auch der Name der einst professionellen Klageweiber: Die *Keeners* wurden bei kleineren Begräbnissen angeheuert, um die Trauergemeinde stattlicher erscheinen zu lassen.

Immer wieder taucht in den irischen Märchen das Jenseits, die »andere Welt« auf. Diese »andere Welt« ist jedoch kein dunkles Totenreich, sondern ein schönes Land, heller und freundlicher als die Erde selbst. Sie wird von Feen und Tiergeistern bewohnt. Der *Pooka* erscheint gewöhnlich in der Gestalt eines Pferdes und trägt den ahnungslosen Reiter in atemberaubender Geschwindigkeit durch das Land. Nach Hallowe'en, der Nacht zum 1. November, wenn das keltische Jahr beginnt, darf man keine Brombeeren mehr essen, weil der Pooka in dieser Nacht auf die Beeren spuckt. Die Ge-

schichte hat wie so viele Märchen einen wahren Kern:
An den Brombeeren kann man sich den Magen ver-
derben, wenn sie Frost abbekommen haben – was um
Hallowe'en häufig vorkommt.

Weit verbreitet sind in Irland auch Vampirgeschichten.
Der Dubliner Schriftsteller Bram Stoker hat Dracula
weltbekannt gemacht. Zwar lebt Dracula in Transsylva-
nien, aber Stokers frühe Werke handeln von Vampiren in
Irland.

In keinem anderen Land Europas hat sich eine so rei-
che Überlieferung an Märchen und Sagen erhalten wie
in Irland. Die Märchen sind voller Phantasie und detail-
lierter bildlicher Beschreibungen, oft von epischer
Breite und mit verwickelter Handlung. Immer fällt die
genaue Beobachtungsgabe und Charakterisierung von
Personen und Situationen auf. Anfang des Jahrhunderts
gehörte die Kunst des Geschichtenerzählens vor allem
im Westen der Insel noch zum Alltag.

Dort, wo das irische Gälisch als Umgangssprache am
längsten überlebt hat, wo die Kleinbauern und Fischer
in drückender Armut relativ isoliert lebten, findet sich
der reichste Schatz an alten Überlieferungen. Nach Er-
ringung der Unabhängigkeit im Jahre 1922 unterstützte
die neue Regierung, der einige bedeutende Dichter und
Aktivisten der Freiheitsbewegung angehörten, tatkräf-
tig die Bemühungen, Folklore-Geschichten zu sam-
meln.

Im Jahr 1935 wurde die »Irische Folklore-Kommis-
sion« gegründet, die sich sogleich daranmachte, die
Überreste der Erzählkunst für die Nachwelt zu bewah-
ren. Die Kommission besitzt heute eineinhalb Millionen
Seiten mit Aufzeichnungen und Sagen sowie Tausende

Tonbänder mit den Geschichten der traditionellen Erzähler, die im Irischen *Seanchaí* heißen. Als die Kommission ihre Arbeit aufnahm, fand sie bereits eine Menge Material vor, das Gelehrte aus Mitteleuropa, den USA und natürlich aus Irland selbst seit Anfang des 19. Jahrhunderts zusammengetragen hatten. Darunter waren zahlreiche Geschichten und Mythen aus Irlands Frühgeschichte. Wenig weiß man über die ersten Völker, die Irland bewohnten, bevor die Kelten die Insel besiedelten – sie bleiben im Nebel der Märchen und Legenden verborgen.

Die Volkserzählungen lassen sich in eindeutige Kategorien einteilen. Sie berichten von Abenteuern, Reisen, Schlachten und großen Festen. Es gibt Todesgeschichten und Erzählungen über die Heimkehr verlorener Söhne. Manche Geschichten wurden zu besonderen Anlässen erzählt: Zu einer Hochzeit paßte natürlich eine Liebesgeschichte. Umgekehrt gab es Zeiten, zu denen bestimmte Geschichten nicht vorgetragen werden durften. Die Heldensagen, die sich eng an die beiden großen Sagenzyklen um die Kriegerschar der Fianna (*Finn-Zyklus*) und um den Helden Cuchullain (*Ulsterzyklus*) anlehnen, waren zum Beispiel den langen Winterabenden vorbehalten und durften niemals im Sommer erzählt werden. Inwieweit die irischen Märchen vom indogermanischen Erbe beeinflußt sind, läßt sich kaum feststellen. Märchenforscher vermuten, daß indogermanische Elemente in die keltischen Geschichten eingeflossen und so zu der typisch irischen Form der Erzählung verschmolzen sind. Zum Teil sind Ähnlichkeiten mit der walisischen Epik und dem Artus- und Parzival-Sagenkreis feststellbar.

Die Geschichten und Legenden erzählen meist vom Alltag einer Agrargesellschaft, die bestrebt war, mit der Natur in Einklang zu leben – nicht sie zu beherrschen. Diese Vorstellung hat sich lange erhalten und ist auch heute noch anzutreffen. Vor allem in ländlichen Gegenden sind die Menschen überzeugt, daß sie das Land mit anderen Wesen teilen – nicht nur mit den Tieren, sondern auch mit Unsichtbarem, wie etwa den Seelen der Verstorbenen. Bis vor kurzem war es keineswegs üblich, die Gräber der verstorbenen Verwandten zu pflegen. Auf dem Land findet man nach wie vor überwucherte Friedhöfe mit vernachlässigten Grabstellen. Das hat nichts mit Herzlosigkeit zu tun. Die Körper der Verstorbenen fallen in der geheiligten Erde der Vergänglichkeit anheim, während ihre Seelen laut Überlieferung Teil des Landes werden. Wenn ein alter Mensch stirbt, so schickt man ihn heute noch mit einer großen Feier auf die Reise.

Die irische Erzählkunst, die Ihnen im Pub, beim Einkaufen, im Wartezimmer des Arztes oder gar am Schalter einer Behörde begegnen kann, reicht bis in vorchristliche Zeit zurück. Mit den Kelten, die seit dem zweiten vorchristlichen Jahrhundert nach Irland einwanderten, kamen ihre *Filí*, die gelehrten Dichter. Sie genossen eine sehr hohe soziale Stellung, da sie mit ihren Erzählungen direkten Einfluß auf das Ansehen der Untergebenen des Königs am Hof hatten. Die besten ihrer Zunft waren dem König fast gleichgestellt. Da er sie sponserte, rühmten sie seine Taten und setzten ihm in den Geschichten ein Denkmal. Neben der Dichtkunst studierte ein Filí bei seinen älteren Kollegen Geschichte, Musik, Rechtsprechung und Medizin. Es dauerte oft zwanzig Jahre, bis er ausgebildet war. Danach hatte er Anspruch auf 24 Gefolgsleute, zu denen auch einige Barden gehörten, die die Werke ihres Meisters vortrugen.

In alter Zeit hatte die Satire einen hohen Stellenwert. Die Filí beherrschten diese Kunst, eine Mischung aus Fluch und Spott, meisterhaft. Man sagte ihnen die Fähigkeit nach, jemandem durch die Kraft ihrer Worte Schaden an Leib und Seele zuzufügen. Zwar war der Mißbrauch dieser Macht streng verboten, aber wenn man der Überlieferung glauben darf, sind Unvorsichtige des öfteren den Dichtern zum Opfer gefallen. Der englische Gouverneur John Stanley soll im 16. Jahrhundert leichtsinnigerweise den Befehl gegeben haben, das Haus von Niall O'Higgins zu durchsuchen und zu verwüsten. Da O'Higgins aus einer berühmten Dichterfamilie stammte, sprach er einen Fluch über Stanley. Fünf Wochen später war der Gouverneur tot.

Mit dem Zusammenbruch der keltischen Gesellschaft und dem Ende der Aristokratie Anfang des 17. Jahrhunderts schwanden auch die Filí. Die Tradition der Erzählkunst wurde von den Barden weitergeführt – den reisenden Sängern, die den Stoff für ihre Geschichten direkt aus dem Volk bezogen. Die Barden hielten sich nicht an klassische Versmaße, doch wie die Filí fanden sie Vergnügen am Verknüpfen von Episoden und am Ausspinnen eines Themas.

Sean O'Connaill war einer dieser großen Geschichtenerzähler. Ein Zeitgenosse beschrieb 1923 den damals Siebzigjährigen: »Seine Familie lebte seit mindestens fünf Generationen in diesem Haus. Er ist nie aus seinem Heimatort herausgekommen, außer zu jenem denkwürdigen Anlaß, als er mit dem Zug zum Markt nach Killorglin fuhr und wieder nach Hause lief. Er hat nie eine Schule besucht und konnte nicht lesen oder schreiben. Aber sein Kopf war voller Geschichten, Anekdoten, epischer Heldensagen, Sprichworte, Reime und Rätsel und anderer mündlich überlieferter Traditionen, die vor dreihundert Jahren in Irland weit verbreitet waren. Er war ein literarischer Künstler, und es bereitete ihm großes Vergnügen, seine Geschichten zu erzählen.«

Das Element des Fluches hat sich in christlicher Zeit erhalten. Wer zum Beispiel erreichen will, daß die Hennen des Nachbarn keine Eier mehr legen, muß das Ei eines eigenen Huhns im fremden Stall verstecken. Sollen gar die Kühe auf dem Nachbarhof eingehen, muß man ein Haar von seinem Kopf im Kuhstall verstecken. Am wirksamsten sind diese Flüche in der Walpurgisnacht. Der Kirche waren diese heidnischen Bräuche – im Irischen heißen die Verwünschungen *Pisogues* – natürlich ein Greuel, und seit dem 15. Jahrhundert versuchten irische Mönche, sie in einen kirchengeschichtlichen Rahmen zu pressen. Da sie die Pisogues nicht ausrotten konnten, machten sie aus der Not eine Tugend: Seitdem vergräbt, wer sich vor einem Fluch schützen will, eine geweihte Medaille von Sankt Benedikt in Feld oder Garten.

Abseits der Hauptstraßen werden Sie oft auf Brunnen stoßen, die mit (Plastik-)Blumen, Heiligenbildern und handgeschriebenen Gebeten geschmückt sind. Das sind heilige Brunnen, die durchaus unterschiedliche Funktionen haben. So hilft der »Lady's Well« zum Beispiel gegen Warzen. Man knotet einen alten Lappen an einen Zweig des Busches neben dem Brunnen. Wenn der Lappen verrottet ist und vom Zweig fällt, dann fällt auch die Warze ab. Auch wenn Sie nicht an Pisogues glauben – machen Sie sich nicht darüber lustig oder nehmen gar ein »Souvenir« von einem solchen Ort mit. Damit verstießen Sie nicht nur gegen jede Höflichkeitsregel, Sie würden auch berechtigten Unmut hervorrufen, der dazu beitragen kann, daß die Freundlichkeit und Offenheit gegenüber Touristen langsam verlorengeht.

Einen heiligen Brunnen finden Sie in Asdee, im Südwesten. Das ist der Geburtsort von Jesse James, der später in Amerika als Revolverheld Karriere machte. Ein Vorfahre von Jesse besaß in Asdee eine große Farm. Als seine Magd erblindete, lief sie mehrmals betend um den Brunnen des heiligen Eoin und konnte wieder sehen. Der Gutsherr, der daraufhin sein blindes Pferd zum Brunnen brachte, war nur teilweise erfolgreich: Das Pferd bekam das Augenlicht wieder, er selbst aber wurde blind.

Viele Jahre später, im Sommer 1986, war Asdee Ausgangspunkt für ein anderes Phänomen, das die Grüne Insel monatelang in Atem hielt: Eine Gruppe von Kindern behauptete, eine Bewegung der Marienstatue wahrgenommen zu haben. Danach kamen aus mehr als dreißig Orten Meldungen von Statuen, die sich bewegten, laut Nostradamus das Zeichen für den bevorstehenden Weltuntergang. Die Statue von Ballinspittle in Cork wurde am berühmtesten – »die einzig Wahre, Authentische«, wie ein Wegweiser zu der Grotte verkündete. Über hunderttausend Menschen pilgerten nach Ballinspittle, Ordner sorgten für den reibungs-

losen Ablauf. Abends stand die Statue im grellen
Scheinwerferlicht. Die Menschen warteten oft stunden-
lang und fast regungslos auf eine Bewegung der mar-
mornen Maria. Nicht nur gläubige Katholiken, auch
Atheisten, Hell's Angels und eine Gruppe von Mitglie-
dern der kommunistischen Partei glaubten, eine Bewegung der Jungfrau wahrzunehmen. Andere versuchten,
die Erscheinungen mit den Lichtverhältnissen und der
trügerischen Objektivität des menschlichen Auges zu
erklären. In der Frage der Statuen war die irische Bevölkerung quer durch alle Schichten, Altersgruppen
und Ideologien gespalten.

Offenbar unterliegen Wunder den Gesetzen der
freien Marktwirtschaft, die Nachfrage bestimmt das
Angebot. Irland steckte damals in einer tiefen Wirtschaftskrise. Die Staatsverschuldung hatte Rekordhöhe
erreicht, Steuern und Arbeitslosigkeit stiegen stetig.
Das Land benötigte ein Wunder, an dem es sich auf-
richten konnte – wie bereits rund hundert Jahre zuvor:
Der Sommer des Jahres 1879 ist als kältester und feuch-
tester in die Geschichte eingegangen. Eine Kartoffel-
fäule vernichtete zwei Drittel der Ernte. Da erschien in
Knock in der bitterarmen Grafschaft Mayo – Wunder
geschehen wegen der Nachfrage immer nur in besonders armen Gegenden – die Jungfrau Maria an der Gie-
belwand der Kirche. Seitdem ist Knock ein Wallfahrts-
ort und hat mittlerweile einen eigenen internationalen
Flughafen.

Die Marienerscheinung von Knock ist inzwischen
von der katholischen Kirche offiziell als Wunder anerkannt, doch »inoffiziellen Wundern« steht die Hierarchie skeptisch gegenüber. Da die Macht der Kirche in

Irland vor allem auf Kontrolle basiert, befürchtet man wohl, das Geschehen könnte eine Eigendynamik entwickeln. Mehr zum Einfluß der katholischen Kirche und der Ehrfurcht vor Nonnen und Priestern im nächsten Kapitel.

Ein Pfarrer in der Familie

Wie können Sie nur in einem Land leben, in dem die katholische Kirche so uneingeschränkt herrscht?« Diese Frage wird mir oft gestellt, und manchmal frage ich mich das selbst. Vielleicht hält man es deshalb gut auf er Insel aus, weil die Iren, deren Alltag die katholische Kirche bis ins Detail bestimmt, bei der Einhaltung des katholischen Regelwerks oft ein Auge zudrücken.

Obwohl am Regelwerk selbst kaum gerüttelt wird, ist man dem individuellen Sünder gegenüber tolerant. So ist zum Beispiel Homosexualität in den Augen der Kirche eine schwere Sünde und wurde bis 1993 sogar strafrechtlich geahndet. Der Senator und Joyce-Experte David Norris, der sich seit mehr als einem Jahrzehnt zu seiner Homosexualität bekennt, wird dennoch immer wiedergewählt und ist bei Lesungen und Talk-Shows ein gerngesehener Gast.

Das kann allerdings nicht darüber hinwegtäuschen, daß sich der Klerus im Laufe der Jahrhunderte eine Machtposition aufgebaut hat, die in Europa ihresgleichen sucht und ausländischen Besuchern die Haare zu Berge stehen läßt. Erst jetzt, im ausgehenden 20. Jahrhundert, beginnen die Politiker, die auf katholischen Moralvorstellungen basierende Gesetzgebung – wie das Verbot von Scheidung und von Verhütungsmitteln –

der Zeit anzupassen. Angesichts der vielen Bereiche, in denen das notwendig ist, werden sie auf Jahre beschäftigt sein.

Noch immer bestimmt die Kirche, was katholischen Augen verborgen bleiben muß. Madonnas eher harmloses Sexbuch wurde 1993 mit einem Importverbot belegt. Damit steht die Rocksängerin in einer Reihe mit Joyce, Zola, Thomas Mann, O'Casey, Gide, Dos Passos, Hemingway, Kant, Balzac, O'Flaherty, Sartre, Voltaire, Hugo, Orwell, Remarque, Proust, Steinbeck, Huxley, O'Faolain, de Beauvoir, Somerset Maugham und vielen anderen, die einmal Opfer der staatlichen Zensur Irlands wurden.

Zuweilen treibt die Verklemmtheit sonderbare Blüten. Seit 1989 dürfen endlich elf *Sheela-na-gigs*, Steinfiguren von etwa einem halben Meter Höhe, im Foyer des Nationalmuseums hängen – bis dahin hielt man sie im Keller versteckt. Der anglisierte irische Begriff bedeutet »Sheela mit den großen Brüsten«. Deutlich erkennbar sind die überdimensionalen sekundären Geschlechtsteile, während die Figuren im übrigen nur sehr grob bearbeitet sind und die Gesichter grotesk und abstoßend wirken. Die meisten Figuren hat man ausgerechnet an Giebelwänden von Kirchen im Süden und Osten Irlands gefunden.

Da die Verdrängung einer – zumindest in moralischen Fragen – freizügigeren Vergangenheit in Irland tadellos funktioniert, ist die Bedeutung der Sheela-na-gigs noch weitgehend unerforscht. Das tut der Heuchelei freilich keinen Abbruch: Die *Irish Press* forderte 1988, Irland solle endlich erwachsen werden und die Figuren der Öffentlichkeit zugänglich machen. Zur Illustration hatte

—— 62 ——

die Zeitung sich eigens ein Foto einer Sheela-na-gig aus dem Nationalmuseum besorgt – um dann lediglich deren Kopf abzudrucken.

Das mag lächerlich erscheinen, doch haben Frauen in Irland wenig zu lachen. Die frühe Kulturgeschichte kennt zahlreiche herausragende Frauenpersönlichkeiten; seit der Christianisierung ist Irland aber ein Männerland, in dem sich nur wenige Frauen politisches Gehör verschaffen konnten. Trotz einiger Verbesserungen in den siebziger Jahren ist Gleichberechtigung ein Fremdwort: Weniger als ein Drittel der Frauen ist berufstätig. Das liegt zum Großteil an der restriktiven Familienpolitik, die hauptsächlich zu Lasten der Frauen geht. Mit 2,11 Kindern je Frau weist Irland die höchste Geburtenrate in der EU auf – 1970 lag die Zahl allerdings noch bei 3,89. Einundvierzig Prozent aller Kinder sind Dritt- oder spätere Geburten. Und 28,5 Prozent der Bevölkerung sind unter 15 Jahre alt.

Die vielen Kinder auf den Straßen, in den Dörfern und Supermärkten werden Ihnen in Irland auffallen. Dennoch wird weder für sie noch für ihre Mütter viel getan: staatliche und kirchliche Kindergärten gibt es nicht, Plätze in privaten Einrichtungen sind teuer, Spielplätze, Freizeiteinrichtungen für Jugendliche, Lehrstellen und vor allem Arbeitsplätze sind knapp, so daß die Hälfte aller in Irland geborenen Kinder später auswandern muß. Kirchliche Organisationen setzen sich vehement und manchmal militant für die Rechte des ungeborenen Kindes ein, aber sobald die Kinder auf der Welt sind, schenken sie ihnen nicht mehr soviel Aufmerksamkeit. Die außerehelich Geborenen gelten in den Augen vieler sogar als Schandfleck.

Aus diesem Dilemma gibt es kaum einen Ausweg, denn die Abtreibung ist nicht nur gesetzlich verboten, sondern aufgrund eines Referendums im Jahr 1983 sogar verfassungswidrig. Infolgedessen fahren jedes Jahr 5000 bis 10000 irische Frauen nach England, um einen Schwangerschaftsabbruch vornehmen zu lassen. Doch bis 1993 durfte über diese Möglichkeit in Irland nicht mal informiert werden. Englische Zeitschriften konnten auf der Grünen Insel nur ausgeliefert werden, wenn die Anzeigen von Abtreibungskliniken zuvor entfernt oder geschwärzt worden waren. Inzwischen hat der höchste Gerichtshof zumindest die Information über Abtreibungsmöglichkeiten im Ausland legalisiert. Doch das Thema ist damit nicht vom Tisch, es wird die irische Gesellschaft wohl noch jahrelang beschäftigen.

In der Vergangenheit entstand eine typisch irische Lösung für ein typisch irisches Problem: Wurde eine ledige Frau schwanger, schickte ihre Familie sie in ein Nonnenkloster. Sie durfte erst zurückkehren, wenn das Baby zur Adoption gegeben worden war – in einigen Fällen nicht einmal dann. Zahllose Frauen verbrachten ihr Leben hinter Klostermauern, wo sie niedere Dienste verrichten mußten. Von ihren Familien verleugnet, wurden sie nach ihrem Tod in namenlosen Gräbern auf dem Klosterfriedhof beerdigt. Schlimmer erging es jenen »gefallenen Mädchen«, deren Familien sie in Nervenheilanstalten einwiesen und bis an ihr Lebensende dort in Gewahrsam ließen – und noch immer lassen, wie die Fälle beweisen, die von Zeit zu Zeit ans Licht kommen. Dieses Schicksal erlitten manchmal auch junge Frauen, die nicht heiraten wollten und die der Dorfpfarrer als »Versuchung für die männliche Dorfjugend« verunglimpfte.

Eine humanere Art, mit der Schwangerschaft der ledigen Tochter umzugehen, stellte die praktische Familienhilfe dar: Sobald der dicke Bauch nicht mehr zu verstecken war, schickte man die Schwangere zu Verwandten nach England. Gleichzeitig täuschte die verheiratete Schwester oder gar die Mutter mit Hilfe von Kissen eine Schwangerschaft vor, die darin gipfelte, daß sie zur »Entbindung« in die Stadt fuhr. Dort fand die Kindesübergabe statt, und der Ruf war gerettet. Wie viele Iren und Irinnen ihre Mutter für ihre ältere Schwester oder Tante halten, ist ungewiß, aber die Zahl ist sicher recht beachtlich. Selbst heute wagen es viele Mädchen nicht, sich der eigenen Familie anzuvertrauen. Das führt mitunter zu Tragödien, die zwar allgemein beklagt werden, aber an der Einstellung gegenüber ledigen Müttern kaum etwas ändern.

Für Touristinnen spielt die restriktive Sexualmoral und das patriarchalische Verhalten der Männer kaum eine Rolle. Sie lernen eher die angenehme Seite des Chauvinismus kennen, weil sie auch allein reisen können, ohne belästigt zu werden. Es heißt, ein irischer Mann schiebe zehn schöne Frauen zur Seite, um an ein Glas Bier zu gelangen. Zu vertrauensselig sollten Touristinnen dennoch nicht sein, da die Zahl der Sexualdelikte auch in Irland gestiegen ist.

Dreiundneunzig Prozent der Iren sind katholisch, drei Prozent anglikanisch und weitere drei Prozent ohne Religion. Allgegenwärtig sind die Marienstatuen, die um so aufwendiger und prunkvoller sind, je ärmer das Viertel ist, in dem sie stehen. Manche tragen illuminierte Heiligenscheine, andere sind von Scheinwerfern angestrahlt, so daß sie in einer nebligen Nacht Marienerscheinungen gleichkommen. Viele ältere Iren bekreuzigen sich automatisch, wenn sie an einer solchen Statue, an einer Kirche oder an einem Friedhof vorbeikommen. In Dublin und anderen Großstädten, wo diese Einrichtungen gehäuft auftreten, sind die Arme gläubiger Katholiken gleich Windmühlenflügeln ständig in Bewegung. Das Ansehen einer Familie steigt mit der Anzahl der Pfarrer und Nonnen, die zum engeren Verwandtenkreis gehören. Für viele junge Leute spielen heute sicher auch der Arbeitsmangel und die Armut bei der Entscheidung eine Rolle, als Mönch oder Nonne zu leben oder in den Missionsdienst einzutreten.

Die Macht der katholischen Kirche geht auf die Zeit der Kolonisierung Irlands zurück: Die Eroberung der Insel durch die Anglo-Normannen begann Ende des zwölften Jahrhunderts, die irischen Könige verloren ihre Unabhängigkeit. Die ersten Invasoren wurden alsbald in das Clansystem integriert und kämpften später sogar gegen neue englische Eindringlinge. Erst den Armeen Heinrichs VIII. und Elisabeths I. gelang es, den Widerstand der Iren zu brechen. Nach der Schlacht von Kinsale im Jahr 1601 stand Irland unter wirtschaftlicher und militärischer Kontrolle Englands. Nachdem der Versuch Elisabeths I., die protestantische Kirchenordnung per Gesetz von 1560 in Irland durchzusetzen, fehlgeschlagen war, wurde Irland gezielt mit protestantischen Schotten und Engländern besiedelt, um die immer wieder aufflackernden Rebellionen einzudämmen.

Dennoch setzten sie sich auch im 17. Jahrhundert fort. Nach dem Aufstand von 1641, bei dem einige tausend protestantische Siedler getötet wurden, landete der vom Parlament zum Statthalter ernannte Oliver Cromwell mit einem 12000 Mann starken Heer in Irland und ging mit großer Rücksichtslosigkeit gegen die Rebellen vor. Cromwell vertrieb die irische Urbevölkerung aus den fruchtbaren Provinzen und drängte sie ins karge Connaught zurück. Drei Viertel des Ackerbodens waren nun im Besitz der Protestanten, ein Viertel der katholischen Bevölkerung war ermordet worden. Tausende von Iren wurden als Sklaven in die Kolonien verkauft.

Hoffnung keimte in Irland auf, als 1685 der Katholik Jakob II. den englischen Thron bestieg. Er leitete in Irland einen Umwandlungsprozeß ein, mit dem sich die Machtverhältnisse zugunsten der Katholiken verschoben. Doch 1688 wendete sich das Blatt wieder: In der »Glorreichen Revolution« wurde Jakob von seinem protestantischen Schwiegersohn Wilhelm von Oranien gestürzt und zwei Jahre später in der Schlacht am Boyne, nördlich von Dublin – Jakob war nach dem Putsch nach Irland geflohen –, endgültig besiegt.

Die Iren mußten ihre Unterstützung für Jakob teuer bezahlen. England erließ 1690 eine Reihe von Strafgesetzen, durch die der katholische Bevölkerungsteil praktisch aller Grundrechte beraubt wurde. Katholiken durften weder ins Parlament noch an die Universität. Sie durften nicht wählen, keine Schulen gründen oder Kirchen bauen, kein Pferd und keine Waffe besitzen. Der Dubliner Satiriker und Dekan Jonathan Swift schlug damals vor, die irischen Neugeborenen zu mästen und als Delikatesse an wohlhabende Engländer zu verkaufen. Das Ziel, den Katholizismus in Irland ein für allemal auszurotten, scheiterte freilich daran, daß eine solche Zwangsherrschaft Widerstand herausforderte. Wanderpriester hielten heimlich katholische Gottesdienste ab, und in *Hedge Schools*, den Heckenschulen, unterrichteten sie gälische Sprache und Tradition. Es entwickelte sich ein katholischer Nationalismus, der bis heute überlebt hat.

Das 18. Jahrhundert stand in Europa unter dem Einfluß der Französischen Revolution. In Irland führten die demokratischen Ideale zu einer Verbindung von Katholiken und Protestanten, die sich 1791 unter Führung des protestantischen Anwalts Theobald Wolfe Tone zu den United Irishmen zusammenschlossen. Die United Irishmen strebten die Umwandlung Irlands in eine Republik an und erhoben sich 1798 zum Aufstand. Da der Plan jedoch an die Regierung verraten worden war, konnten die Anführer verhaftet und die Rebellion im Keim erstickt werden. Wolfe Tone nahm sich in der Haft das Leben. Seine Ideen lebten jedoch weiter, die United Irishmen gewannen an Einfluß. Als Reaktion darauf gründeten konservative Protestanten im Nordosten der Insel die von England finanzierten Orange Orders. Ihre antikatholische und antiirische Politik basierte auf der Furcht, ihre Vormachtstellung zu verlieren. Durch geschickte Propaganda gelang es ihnen, die alten Religionsstreitigkeiten wieder zu entfachen. Die englische Regierung nutzte die Gunst der Stunde und verabschiedete 1801 den Act of Union, der den Dominionstatus aufhob und Irland zum Bestandteil des Vereinigten Königreichs von Großbritannien und Irland machte.

Es dauerte 120 Jahre, bis Irland eine Teilunabhängigkeit erkämpfen konnte. Ausgangspunkt dafür war der Osteraufstand von 1916 (dazu mehr im nächsten Kapitel). Einer seiner Anführer, Eamon de Valera, wurde

1932 Premierminister. Als seine Regierung fünf Jahre später eine neue Verfassung verabschiedete, war darin die Sonderstellung der katholischen Kirche festgeschrieben, der Katholizismus wurde zur Staatsreligion. Ganz im Sinne des Vatikans erklärte die Verfassung die Familie zur Grundlage des Staates und verbannte verheiratete Frauen an den Herd. Fortan verloren Bankangestellte, Lehrerinnen, Stewardessen und Staatsangestellte am Tag ihrer Hochzeit den Job.

Da es anfangs die finanziellen Kräfte des jungen Staates überstieg, das Bildungs- und Gesundheitswesen zu organisieren, sprang die Kirche in die Bresche und verteidigt dieses Geschenk des Himmels bis heute. Die Indoktrination beginnt in den Grundschulen, den *National Schools*, die bereits vierjährige Kinder aufnehmen – meist nach Geschlechtern getrennt. Bis auf wenige protestantische und unabhängige Schulen gehören die gut 3000 National Schools der katholischen Kirche, werden jedoch vom Staat finanziert. Das gleiche gilt für die *Secondary Schools*, religiöse Ordensschulen, in denen überwiegend Geschlechtertrennung besteht. Die *Vocational Schools*, eine Art Berufsschulen, lehren seit 1930 vor allem praktische Fächer. Sie sind überkonfessionell, doch sitzen in der Schulleitung auch Vertreter der Kirche, und Religion ist Teil des Lehrplans. Daneben gibt es noch die *Community Schools* oder *Comprehensive Schools* unter öffentlicher Trägerschaft. Die Wahl der Schule steht jedem frei; aber da viele Schulen lange Wartelisten haben, entscheiden sie darüber, wen sie aufnehmen. In den meisten Schulen herrscht für die Kinder Uniformzwang, was den Vorteil hat, daß die Mode nicht zum Merkmal sozialer Unterschiede wird.

Das Notengebungssystem ist kompliziert, es ist nicht nur von *A* bis *F* und *No Grade* eingeteilt, sondern auch in zwei Leistungskurse: einen *Higher Level*, der Voraussetzung für das Universitätsstudium ist, und einen *Ordinary Level* – in bestimmten Fächern kommt ein *Foundation Level* hinzu. Nach dem dritten Jahr machen die Kinder die Prüfungen für das *Junior Certificate*, das unserer mittleren Reife vergleichbar ist. Wer danach weiter zur Schule geht, kann drei Jahre später das *Leaving* oder *Senior Certificate*, das dem deutschen Abitur entspricht, erwerben.

Ist der Schulbesuch der weiterführenden Schulen seit 1967 kostenlos, so verlangten die Universitäten noch bis Herbst 1995 horrende Studiengebühren. Das Trinity College Dublin, das 1592 unter der Schirmherrschaft Königin Elisabeths I. gegründet wurde, ist die älteste Universität Irlands. Sie sollte nach der Vorstellung ihrer Gründerin »Wissen und Zivilisation durch die Lehre unserer Menschen fördern, von denen so viele nach Frankreich, Spanien und Italien gereist sind und in solch fremden Universitäten studiert haben, wo sie mit Papismus und anderen schlimmen Dingen infiziert und so zu verkommenen Untertanen wurden«. Trinity College Dublin blieb mehr als zweihundert Jahre protestantischen Studenten vorbehalten. Die katholische Hierarchie gestattet Katholiken den Besuch des College erst seit 1970. Noch in den fünfziger Jahren hatte Bischof McQuaid die Mißachtung des Verbots als »Todsünde« bezeichnet. Um Katholiken eine Bildungsstätte auf Universitätsebene zu bieten, wurde 1854 die Catholic University of Ireland – das heutige University College Dublin – gegründet. Die Universität war von Anfang an ein Zentrum der politischen Diskussion, und viele Dozenten und Studenten nahmen am Kampf für Irlands Unabhängigkeit teil.

In den katholischen Internaten wird der Nachwuchs für Kanzel und Kloster rekrutiert. Einer der Orden, die Christian Brothers, erließ auserwählten Schülern die Gebühren, die für den Besuch der Oberschule noch bis in die sechziger Jahre zu entrichten waren. Im Gegenzug mußten sich die Knaben verpflichten, mit 14 Jahren dem Orden beizutreten. Die strengen Regeln, die in den Internaten galten, sagten freilich mehr über die Bischöfe aus als über die Zöglinge. Mädchen durften zum Beispiel keine Lackschuhe tragen, weil sich darin angeblich die Unterwäsche spiegeln konnte. Seit Mitte der achtziger Jahre haben Elterngruppen zahlreiche unabhängige Grundschulen gegründet, doch die Kirche legt ihnen alle erdenklichen Steine in den Weg und verteidigt ihren Einfluß mit Zähnen und Klauen.

Auch im Bereich der sozialen Gemeindedienste nimmt die Kirche dem Staat einen Teil der Verantwortung ab. Kirchliche Organisationen sorgen für Alte, Kranke, Behinderte, Obdachlose, Waisenkinder und andere Hilfsbedürftige. Da es in Irland keine Kirchensteuer gibt, sind die Glaubenshüter auf Spenden angewiesen. Bei einem Gang durch die Dubliner Innenstadt entsteht der Eindruck, daß die Hälfte der Bevölkerung mit Sammelbüchsen unterwegs ist. Es gibt kein Entkommen. Nur wer sich von seinem Kleingeld trennt, wird erlöst: Die Sammler heften den Spendern eine Plakette ans Revers – ein Passierschein für den unbehelligten Aufenthalt im Sammelgebiet.

Die Kirche hat einige besonders gewitzte Methoden

entwickelt, um ihren Schäfchen das Geld aus der Tasche zu ziehen. Mit den kirchlichen Bingo-Hallen macht sie sich die irische Spielleidenschaft ebenso zunutze wie mit den quadratischen Plastikkästchen, die auf vielen Kneipentresen stehen. Schräg mittendurch führt ein schmaler Steg, an dessen beiden Enden sich ein Schlitz im Kasten befindet. Risikofreudige Trinker können ihr Wechselgeld in den oberen Schlitz stecken und hoffen, daß die Münze geradewegs den Steg entlangrollt und am anderen Ende wieder herausfällt. Ich kenne freilich niemanden, dem das bisher gelungen wäre – das Geldstück stürzt unterwegs unweigerlich und auf Nimmerwiedersehen in den Kasten. Bei der »Stillen Kollekte« nach der Messe sind Münzen verpönt: Geldscheine klimpern nicht. Die fromme Habgier macht selbst vor den Kleinsten nicht halt. Zu Beginn der Fastenzeit erhalten Schulkinder ein Stück Pappe mit der Aufforderung, es zu einer Sparbüchse zusammenzufalten. Da kommt dann das Taschengeld hinein, das sie normalerweise für Süßigkeiten ausgeben.

Eine zentrale Figur des irischen Katholizismus ist der heilige Patrick, Irlands Schutzpatron, nach dem viele Iren benannt sind: Patrick ist der häufigste Vorname in Irland, abgekürzt wird er zu »Paddy«. Die Engländer machten daraus den Sammelbegriff, mit dem sie die irischen Nachbarn herablassend belegen. Der heilige Patrick war um 405 als Sklave auf die Grüne Insel gekommen. Die Kelten unternahmen nach der Eroberung Irlands Raubzüge nach Schottland und Wales und beschleunigten dadurch die Auflösung der römischen Zivilisation in Britannien. Bei einem dieser Angriffe wurde Patrick nach Irland entführt. Sechs Jahre darauf gelang ihm die Flucht nach England, wo er später die Priesterwürde erwarb. Erst 432 kehrte er nach Irland zurück, gründete Kirchen und berief Priester und Bischöfe. Anhand eines dreiblättrigen Kleeblatts, inzwischen das irische Nationalemblem, erklärte er den Iren die Dreifaltigkeit. Soweit die Legende.

Geschichtsschreiber sehen seine Rolle etwas nüchterner. Der Historiker Gearoid Mac Niocaill glaubt, daß Patrick lediglich einer von vielen Missionaren des fünften Jahrhunderts war – wenngleich der einzige, der seine Aktivitäten schriftlich dokumentiert hat. Über sein Todesdatum sind sich die Historiker nicht ganz einig, während Patricks »Geburtstag« über alle Zweifel erhaben ist: Es war der 17. März, der deshalb zum irischen Nationalfeiertag wurde und mit Umzügen und Trinkgelagen begangen wird. Diesen Brauch haben die Iren in die ganze Welt exportiert: Überall dort, wo irischstämmige Menschen leben, wird dem Heiligen am 17. März zugeprostet – vor allem in den USA. In Chicago werden an diesem Tag der Fluß und sogar das Bier grün eingefärbt.

Das Gute am Katholizismus ist, daß sich alle Sünden wieder bereinigen lassen: kleinere Verfehlungen durch eine Beichte, eine gründliche Reinigung bewirkt eine Pilgerfahrt – zum Beispiel auf den heiligen Berg, den Croagh Patrick. Auf dessen Gipfel soll im Jahr 441 der Nationalheilige vierzig Tage gefastet und Pläne für die Christianisierung der Insel geschmiedet haben. Sodann trieb er die Schlangen ins Meer. Bis heute hat sich keines der Kriechtiere wieder in Irland blicken lassen.

Am letzten Sonntag im Juli ruft der Berg die Gläubigen zur Buße. Dem Ruf folgen alljährlich bis zu 60 000

Pilger. Vom Fuße des 753 Meter hohen Berges in der nordwestirischen Grafschaft Mayo sieht es wie ein Kinderspiel aus, doch der Aufstieg ist mühsamer als erwartet. Auf dem ersten Teil der Strecke lagern Devotionalienhändler am Wegesrand, die an Kitsch schwer zu übertreffende Bilder des Heiligen verkaufen. Kinder und Jugendliche bieten Limonade feil, die sie mit Lasteseln transportieren. Je höher man steigt, desto teurer werden die Getränke. Kostet eine Dose Cola am Fuß des Berges noch fünfzig Pence, muß man auf dem Gipfel bereits ein Pfund berappen. Auf dem oberen Stück des Weges wird endgültig klar, warum der Aufstieg als Buße gilt: Der Pfad führt über eine steile Halde aus Quarzitgeröll, das sich unter den Schritten der Pilger löst. Der dadurch ausgelöste Steinschlag fordert jedes Jahr zahlreiche Verletzte. Früher begann der Aufstieg schon um Mitternacht; das hatte zu viele Todesopfer zur Folge und ist inzwischen verboten.

Die Aussicht vom Gipfel entschädigt für drei Stunden Kletterei. Im Norden blickt man auf Clew Bay mit ihren 365 Inseln. In elisabethanischer Zeit machte hier die Piratenkönigin Grainne Mhaol – oder auf englisch: Grace O'Malley – die Gewässer unsicher. Südlich kann man bei gutem Wetter bis zu den Twelve Bens in Connemara sehen. Doch die Gläubigen nehmen die Stapazen nicht auf sich, um die Landschaft zu genießen: Den Gipfel krönt eine Kapelle, in der alle halbe Stunde eine Messe stattfindet. Vor dem Eingang ist mit einem Steinkranz das »Bett« markiert, in dem Patrick übernachtet haben soll. An der rechten Seite der Kapelle kann man die Kommunion empfangen, an der linken wird die Beichte abgenommen. Viele erlegen sich eine verschärfte Buße auf: Sie erklimmen den Berg barfuß und hinterlassen eine Blutspur. Andere tragen Sandalen oder Stöckelschuhe – die Iren sind kein Bergvolk.

Aber sie gelten von jeher als pilgerfreudig. Die Motive sind unterschiedlich. Der Theologieprofessor Enda McDonagh aus Maynooth sagt, eine Pilgerfahrt sei ein Massenerlebnis, das vorübergehend Hierarchien beseitigt. Pauschalreisen inklusive Sündenvergebung nach Rom, Lourdes und Fatima sind regelmäßig ausgebucht. Die Religiosität kann sogar kriminelle Energien freisetzen: Der irische Flugzeugentführer, der Anfang der achtziger Jahre in Spanien die Passagiere in seine Gewalt gebracht hatte, stellte nur eine Forderung: Der Papst solle die dritte Prophezeiung Fatimas enthüllen.

Ganz allmählich aber geht selbst in Irland heute der Einfluß der Kirche zurück. Dazu haben ihre Vertreter durch verschiedene Skandale selbst beigetragen. Am meisten Aufsehen erregte 1993 die Nachricht, daß der allseits beliebte Bischof Eamonn Casey aus dem westirischen Galway einen 17jährigen Sohn hatte. Casey, immerhin der vierthöchste Mann in Irlands kirchlicher Hierarchie, mußte seinen Hut nehmen. Er ist in der langen Geschichte der katholischen Kirche beileibe kein Einzelfall. So stammt der Name »McEntaggart« von dem irischen »Mac An Tsagairt« ab, was nichts anderes als »Sprößling des Priesters« bedeutet. Die Iren reagierten schnell auf Caseys Fall: Das trostreiche Sprichwort bei grobem Mißgeschick – »Das kann sogar einem Bischof passieren« – wird neuerdings nur noch in überarbeiteter Form benutzt: »Das ist sogar einem Bischof passiert.« Und mit *Peter's Pence*, dem Peterspfennig, einer ständigen Sammlung für den Vatikan, ist es seitdem bergab gegangen. Viele meinen offenbar, Peter's Pence werden zur Zahlung von Alimenten für Caseys Sohn Peter verwendet.

Am besten symbolisiert wohl Mary Robinson den langsamen Wandel der irischen Moralvorstellungen. Die parteilose linke Feministin wurde im November 1991 sensationell zur Präsidentin gewählt. Als sie noch Anwältin war, hatte sie mit ihrer Klage vor dem Europäischen Gerichtshof für Menschenrechte den Grundstein für die Reform des Homosexualitätsverbots gelegt; 1993 mußte die Regierung dieses Verbot aus dem Jahr 1861 aufheben. Seitdem sind Homosexuelle und Heterosexuelle vor dem Gesetz gleichgestellt, die Strafbarkeitsgrenze für sexuelle Aktivitäten liegt in beiden Fällen bei 17 Jahren. Senator David Norris sagte danach erleichtert: »Es ist das erste Mal, daß ich mich in meinem Land als vollwertiger Bürger fühle.«

Die Legalisierung der Homosexualität war Teil eines Pakets von Sozialreformen, das die Regierungskoalition aus Fianna Fáil und Labour Party bei ihrem Amtsantritt im Januar 1993 versprochen hatte. Sie ebnete auch den Weg für Verhütungsmittel. Zwar waren Kondome in Irland seit Ende der siebziger Jahre nicht völlig unbekannt, doch die Abgabe war rezeptpflichtig und auf verheiratete Paare unter Vorlage des Trauscheins beschränkt. Mitte der achtziger Jahre erfolgte eine weitere »Liberalisierung«: Die suspekten Gummis durften fortan ohne Rezept an alle über Achtzehnjährigen abgegeben werden – aber nur von Kliniken, Apotheken und Arztpraxen. Landbewohner hatten Pech, wenn der einzige Apotheker am Ort streng katholisch war. Selbst das Argument, Kondome schützten vor Aids, ließ die Kirche nicht gelten: Das Virus sei so klein, daß es durch das Gummi schlüpfe, behauptete sie.

Seit Sommer 1993 dürfen Kondome endlich auch in Automaten verkauft werden. Der Markt ist lukrativ, stellte die Kondomfirma »Durex« in einer Umfrage fest: 59 Prozent der Iren und Irinnen zwischen 17 und 49 Jahren haben mindestens einmal pro Woche Geschlechtsverkehr. So rechnet die Kondomindustrie mit einem Absatz von 6,5 Millionen Stück im Jahr. Ihre Umfrage fand heraus, daß 61 Prozent der Befragten für die Aufstellung der Kondomautomaten war. Nicht alle würden jedoch zugeben, sie auch zu benutzen: Nachdem der Installateur in einer Kneipe im westirischen Castlebar den Automaten aufgehängt hatte, vergaß er, ihn zu füllen. Als er den Irrtum am Abend bemerkte, steckten schon 34 Pfund im leeren Automaten. Keiner der 17 frustrierten Kunden hatte sich jedoch beim Wirt beschwert.

Eine Hand wäscht die andere

Parlamentswahlen sind eine feine Sache. In Irland sind sie wie Sportveranstaltungen aufgezogen, bei denen selbstverständlich auch gewettet wird. Das irische Wahlsystem hat vermutlich ein Buchmacher erfunden. Anders als beim Pferderennen verliert man den Einsatz (bzw. die Stimme) nicht, wenn man auf den Verlierer setzt. Die Wähler können nämlich auf dem Wahlzettel die Reihenfolge bestimmen, in der die Stimme auf andere Kandidaten übertragen wird. Die Auszählung zieht sich über mehrere Tage hin, weil die Karten (bzw. Wahlzettel) immer wieder neu gemischt werden. Und glaubt man, endlich einen Sieger zu haben, verlangt der Verlierer womöglich eine Neuzählung, und das Ganze beginnt von vorn.

Ich will versuchen, das komplizierte Wahlsystem kurz zu erläutern: Irland wählt die Abgeordneten nach dem System der proportionalen Repräsentation. Die irische Sonderform, die ähnlich nur in Malta existiert, ist angeblich die gerechteste der Welt und vergrößert die Chancen parteiunabhängiger Kandidaten. Die Wähler geben den Kandidaten Nummern in der Reihenfolge ihrer Präferenz. Überschreitet der erste Kandidat die zum Einzug ins Abgeordnetenhaus notwendige Quote (Zahl der abgegebenen Stimmen geteilt durch Sitzanzahl plus eins, plus eine Stimme), erhält der Kandidat zweiter Wahl die überzähligen Stimmen. Ebenso wird mit den Stimmen der schwächsten Kandidaten verfahren, die von der Liste gestrichen werden, wenn kein Kandidat die Quote erreicht hat. Die Wahlzettel müssen so oft gezählt werden, bis die Abgeordneten feststehen.

Die Iren hängen an ihrem Wahlsystem. In der Vergangenheit haben sie sich wiederholt per Volksentscheid den Versuchen der Parteien widersetzt, das Wahlverfahren zu ändern. Zugegeben, die Stimmauszählung ist äußerst mühsam, aber auch sehr spannend. Nicht selten gelingt es einem nach fünf Auszählungen scheinbar abgeschlagenen Kandidaten, seinen Konkurrenten kurz vor dem Ziel noch abzufangen. Bei der Auszählung geht es daher wie bei einem Fußballspiel zu: Die Parteigenossen feuern ihren Kandidaten mit Gebrüll und Transparenten an, was zwar sinnlos ist, aber Spaß macht – zumal das Fernsehen live dabei ist.

In Irland darf nur wählen, wer volljährig ist und sich zuvor ins Wahlregister eingetragen hat. Da das Register jedes Jahr im April auf den neuesten Stand gebracht wird, gehen alle leer aus, die in einem Wahljahr erst nach dem Monat April 18 Jahre alt werden. Es gibt allerdings Ausnahmen: Vor den Wahlen 1989 erntete die schlampige Bürokratie hämisches Gelächter, als drei Babys mit ihren Wahlkarten in der Hand von den Titelseiten der Zeitungen winkten. Den Säuglingen wurde das Wahlrecht umgehend wieder aberkannt.

Parlamentswahlen beschränken sich übrigens keineswegs auf einen Fünfjahresturnus, wie in der Verfassung vorgesehen. Bei wechselnden Mehrheiten oder wann immer die Regierungspartei glaubt, dadurch ihre Macht

ausbauen zu können, werden flugs Neuwahlen angesetzt. In den Jahren 1927 und 1982 wurde sogar zweimal
gewählt, weil die Parteien mit dem Votum der Wähler
nicht einverstanden waren. Die meisten Kreuzelmacher
gehen vor der Wahl zur Messe. Angesichts des irischen
Parteienspektrums erscheint Beten für Irlands Zukunft
eine durchaus erfolgversprechende Alternative.

Das Parteienspektrum ist ein Produkt der irischen
Teilung. Die Unionsakte von 1801, durch die Irland mit
England vereinigt wurde, hatte in Irland vorübergehend
zu politischer Lethargie geführt. Erst in den zwanziger
Jahren des 19. Jahrhunderts formierte sich der Wider-
stand gegen die Diskriminierung der Katholiken erneut.
Nach gewaltigen Demonstrationen, die von Daniel
O'Connells Catholic Association organisiert wurden,
ließ die englische Regierung ab 1829 Katholiken zum
Parlament zu.

Aus den Vereinigten Staaten kam 1858 der Anstoß für
eine radikalere Bewegung: Irische Emigranten, die vor
der großen Hungersnot Mitte des vergangenen Jahrhunderts geflohen waren, gründeten die Fenier-Bewegung,
deren Aufstand 1867 in Irland aber scheiterte. Doch die
verschiedenen nationalistischen Bewegungen, die sich
für Selbstverwaltung (Home Rule League), Kündi-
gungsschutz für Pachtbauern (Land League) und die
Erhaltung der gälischen Sprache (Gaelic League) einsetzten, waren nicht mehr aufzuhalten – zumal die paramilitärischen Verbände, die zum Teil aus diesen Organisationen hervorgingen, immer mehr Zulauf erhielten.

Der liberale englische Premierminister William Glad-
stone unterstützte die *Home-Rule*-Idee zur Selbstverwaltung Irlands, während Tory-Politiker dagegen agitierten

und in Belfast die protestantischen Orange Orders auf-
hetzten. Der Erste Weltkrieg machte Gladstones Pläne
zunichte, die Selbstverwaltung wurde auf Eis gelegt.
Die irischen Nationalisten versuchten, die durch den
Weltkrieg geschwächte Position Englands auszunutzen:
Unter Führung von James Connolly vereinigten sich die
verschiedenen paramilitärischen Verbände und begannen am Ostersonntag 1916 einen Aufstand. Die Rebellion fand bei der Bevölkerung wenig Unterstützung und
konnte binnen fünf Tagen niedergeschlagen werden,
doch nach den brutalen Hinrichtungen der 16 Rebellen-
führer schlug die Stimmung um. Die 1905 gegründete
Sinn Féin (»Wir selbst«), die sich zu einer radikalen nationalistischen Volkspartei entwickelt hatte, gewann
1918 in den Wahlen 73 von 105 Mandaten. Zu der Zeit
saßen 36 ihrer Abgeordneten in englischen Gefängnissen.

Sinn Féin rief 1919 die Republik aus und löste damit
einen zweijährigen Unabhängigkeitskrieg aus, in dem
die englische Regierung blutrünstige Söldnertruppen,
die *Black and Tans*, einsetzte. Die Irisch-Republikanische
Armee (IRA), der bewaffnete Arm Sinn Féins, erhielt
jedoch von seiten der Bevölkerung jede erdenkliche Unterstützung in ihrem Guerillakrieg, so daß die britische
Regierung 1921 einen Friedensvertrag anbieten mußte,
der die Teilung der Insel vorsah. Sinn Féin und IRA spalteten sich. Zwischen Gegnern und Befürwortern des
Vertrages entbrannte ein Bürgerkrieg, der mit der Niederlage der Teilungsgegner um Eamonn de Valera, den
einzigen überlebenden Anführer des Osteraufstands, endete. Die sechs nordöstlichen Grafschaften verblieben
bei Großbritannien, die übrigen 26 Grafschaften wurden

zum Freistaat Irland mit Dominionstatus, bis die Dubliner Regierung 1949 die Republik ausrief.

De Valera, der gelobt hatte, niemals der Teilung zuzustimmen, änderte 1926 seine Meinung: Er brach mit Sinn Féin und IRA, schwor der Gewalt ab und gründete Fianna Fáil (»Soldaten des Schicksals«), die heute größte Partei des Landes. Später wurde er Regierungschef und Präsident der Grünen Insel. Aus den ursprünglichen Vertragsbefürwortern, die das Abkommen mit England als taktischen Sieg werteten, entstand der »Stamm der Gälen«, Fine Gael. 1985 spalteten sich die Progressiven Demokraten von Fianna Fáil aufgrund persönlicher Differenzen ab. Alle drei Parteien gehören dem rechten Flügel an und unterscheiden sich in ihren konservativen ökonomischen und politischen Zielsetzungen nur wenig.

Mit der Teilung Irlands war die Saat für den nordirischen Konflikt gelegt, der 1969 wieder aufflammte und ein Jahr später zur erneuten Spaltung Sinn Féins und der IRA führte. Während der »provisorische Flügel« auf den bewaffneten Kampf gegen die britische Herrschaft in Nordirland setzte, gründete der »offizielle Flügel« eine marxistische Partei, die sich später in Workers' Party umbenannte. Von ihr spaltete sich 1991 die Democratic Left ab, die im Dubliner Parlament eine Handvoll Abgeordnete stellt und seit Ende 1994 eine Koalitionsregierung mit Fine Gael und der Labour Party bildet. Sinn Féin, die seit Anfang der achtziger Jahre nicht nur auf die Gewalt der IRA, sondern verstärkt auf Wahlen setzt, spielt in der südirischen Politik eine untergeordnete Rolle, im Norden dagegen gewinnt sie bei Wahlen regelmäßig zehn bis zwölf Prozent der Stimmen.

Auch die Labour Party, 1912 vom Irischen Gewerkschaftskongreß gegründet, war in der Vergangenheit nie eine Alternative zu den konservativen Programmen von Fianna Fáil und Fine Gael. Sie gehörte nicht nur zu den konservativsten, sondern auch zu den schwächsten sozialdemokratischen Parteien Westeuropas. Das änderte sich erstmals bei den Wahlen 1992, als die Partei ihre 16 Mandate mehr als verdoppeln konnte. Die größte Sensation war für die Medien die Wahl des Labour-Kandidaten Mossajee Bhamjee, eines in Südafrika geborenen indischen, sozialistischen, muslimischen Psychiaters, der in einem katholischen Krankenhaus arbeitet – noch dazu in der erzkonservativen Grafschaft Clare, wo zuletzt 1950 ein Labour-Abgeordneter gewählt wurde.

Die Labour-Erfolge bewirkten, daß Fianna Fáil, die seit 1933 mit kurzen Unterbrechungen Irland wie ein Familienunternehmen regiert hatte, zähneknirschend eine Koalition mit Labour eingehen mußte. Fianna Fáil, die sich weniger als Partei denn als »nationale Bewegung« sieht, hatte schon seit 1981 keine absolute Parlamentsmehrheit mehr erreichen können. Ihr Wahlergebnis von 1992 war das schlechteste seit 65 Jahren.

Grund für den Wählerunmut war die Verstrickung verschiedener hochrangiger Politiker in eine geradezu abenteuerliche Kette von Wirtschaftsskandalen, bei denen es um unlautere Geschäftspraktiken und Günstlingswirtschaft ging. Darin verwickelt war auch eine ganze Reihe staatlicher und privater Unternehmen.

Als Beispiel sei hier lediglich der Fleischskandal angeführt, der den längsten und teuersten Prozeß in der irischen Geschichte nach sich zog. Es ging um Goodman International, die Firma des ehemaligen »Rindfleischbarons« Larry Goodman. Er war der größte Fleischexporteur Europas, seine Umsätze machten immerhin fünf Prozent des irischen Bruttosozialprodukts aus. Der damalige Industrieminister Albert Reynolds hatte dafür gesorgt, daß Goodman im Gegensatz zu seinen Konkurrenten staatliche Exportkreditversicherungen im Wert von umgerechnet mehreren hundert Millionen Mark bekam – für Exporte in den Irak. Diese Versicherung garantiert dem Exporteur die Bezahlung seiner Ware aus der Staatskasse, falls der Empfänger die Rechnung nicht begleichen sollte.

Goodman war nicht undankbar. Er zahlte Hunderttausende in die Kassen der drei konservativen Parteien. Als nach den Wahlen 1989 die Progressiven Demokraten in die Regierung eintraten und das zuständige Industrieministerium übernahmen, wurden Goodman die Exportgarantien entzogen – er hatte den Progressiven Demokraten weitaus weniger als Fianna Fáil und Fine Gael gezahlt. Damit brach das Fleischimperium wie ein Kartenhaus zusammen.

Das Gute am irischen Wahlsystem ist, daß Übeltäter direkt bestraft werden können. Im Fall Reynolds jedoch trat das Gegenteil ein: Er wurde später *Taoiseach*, was »Häuptling« bedeutet, heute aber mit »Premierminister« übersetzt wird. Doch Ende 1994 ereilte auch ihn das Schicksal, als er über seine umstrittene Personalpolitik stürzte.

Auch Premierminister und Kabinettsmitglieder müssen im Wahlkampf Klinken putzen, weil sie nur über ein direktes Mandat ins Parlament kommen. Das Hintertürchen der Parteiliste gibt es nicht. Deshalb ist irische Politik vor allem Lokalpolitik. Irische Wähler entscheiden sich nicht für ein politisches Konzept, sondern für einen Kandidaten, der sich um die lokalen Angelegenheiten seines Wahlkreises kümmert. Die im Wahlkampf üblichen Versprechungen lösen allenfalls Gähnen aus. Sie nützen nichts, wenn sich der ambitionierte Politiker nicht durch seine Dienste vor Ort profiliert hat.

So beginnt der Tag eines jeden Politikers mit dem gewissenhaften Studium der Todesanzeigen in der Tagespresse. Mit der Reverenz an die Toten fängt man nämlich die Stimmen der Lebenden. Ob Minister, Hinterbänkler oder aufstrebender Parteiarbeiter – niemand läßt sich diese subtile Form des Wahlkampfs entgehen. Besonders günstig ist es, wenn man den Sarg ein Stückchen mittragen darf; noch vorteilhafter, wenn in diesem Augenblick Pressefotos gemacht werden. Manche bringen es zu Oscar-verdächtigen Auftritten. Der ehemalige Fianna-Fáil-Minister Sean Doherty tauchte immer erst dann im schwarzen Anzug und mit ernster Miene auf, wenn die Trauergemeinde bereits vollständig in der Kirche versammelt war und niemandem seine Ankunft entgehen konnte.

Anfang 1992 brachte der trauergestählte Doherty den langjährigen Premierminister Charles Haughey mit der Enthüllung von »Dublingate«, der irischen Version einer Telefonabhöraffäre, zu Fall und den ehemaligen Country-Sänger Albert Reynolds an die Macht. Reynolds hatte vom morbiden Doherty gelernt: Zwischen Haugheys Sturz und der Wahl des Nachfolgers kam im ganzen Land kein Toter unter die Erde, ohne daß Reynolds oder einer seiner Wahlhelfer dabei waren.

Es ist keineswegs ein Zufall, daß der Europa-Abgeordnete Gerry Collins sowohl zu den Parlamentariern mit dem höchsten Stimmanteil als auch zu den häufigsten Gästen bei Trauerfeiern gehört. Sein Terminplan erweckt den Eindruck, als sei ihm auf einen Schlag die ganze Verwandtschaft weggestorben. An einem normalen Arbeitstag schafft er drei Begräbnisse noch vor dem Mittagessen. Parteikollegen behaupten, daß sich der Kondolenzweltmeister selbst während des Urlaubs in Spanien die irischen Todesanzeigen am Telefon vorlesen lasse und entscheide, welche Leiche mit einem Kranz geehrt werden solle, und wer mit einem Beileidstelegramm vorliebnehmen müsse. Zwei Mitglieder der Opposition bevorzugten dagegen die Billigversion: Sie scheuten die Kosten für ein Blumengebinde und tauchten erst nach der Totenfeier für einen bekannten Dubliner Rechtsanwalt auf – immerhin rechtzeitig für die Pressefotos.

Beim direkten Wahlkampf erfahren Gerry, Sean und Albert – Politiker werden prinzipiell mit dem Vornamen angeredet, schließlich kennt man sie lange genug aus dem Fernsehen – aus erster Hand, wie populär sie sind. Viel hängt auch von den Ehefrauen ab: Die Frauen der Spitzenkandidaten werden auf ihre hausfraulichen Qualitäten überprüft, bevor der Mann in den *Dáil* einziehen kann.

Der Dáil, das Abgeordnetenhaus, umfaßt 166 Mitglieder. Die Abgeordneten werden aus 41 Wahlkreisen gewählt – je nach Bevölkerungszahl stellt ein Wahlkreis drei bis fünf Abgeordnete. Jeder Abgeordnete vertritt zwischen 20 000 und 30 000 Menschen. Laut Verfassung müssen die Wahlkreise mindestens alle zwölf Jahre neu festgelegt werden, um einer veränderten Bevölkerungsverteilung Rechnung zu tragen. In der Praxis läßt sich freilich keine Regierung nach einer Wahl die Gelegenheit entgehen – sofern es die Mehrheitsverhältnisse im Dáil erlauben –, die Wahlkreise zu ihren Gunsten zu manipulieren.

Diese nicht nur in Irland beliebte Praxis nennt man »Gerrymandering«. Der Name kommt von Elridge Gerry, dem ehemaligen Gouverneur von Massachussetts, der 1812 die Wahlkreise in einer Weise einteilte, die einem Wahlbetrug gleichkam. Der Wahlkreis Essex im Nordosten des US-amerikanischen Staates sah schließlich wie ein Salamander aus, deshalb hieß Gerrys Gaunertrick zunächst »Salamandering«. Das geprellte Stimmvieh meinte jedoch, daß dem Gouverneur für diese Unverschämtheit ein Denkmal gesetzt werden müsse, und fortan hieß eine derartige Praxis Gerrymandering.

Die protestantischen Unionisten Nordirlands haben dieses Verfahren in den sechziger Jahren bis zur Perfektion weiterentwickelt, um katholischen Politikern den Einzug in die Gemeinderäte zu verwehren.

Neben dem Dáil besteht das irische Nationalparlament aus dem Staatspräsidenten und dem Senat, irisch: *Seanad*. Staatsoberhaupt ist zur Zeit eine Präsidentin: Mary Robinson residiert im Dubliner Phoenix Park und erfüllt vor allem Repräsentationsaufgaben. Die Präsidentin wird auf sieben Jahre gewählt und kann einmal wiedergewählt werden.

Der Senat hat sechzig Mitglieder. Elf Senatoren werden vom Taoiseach ernannt, sechs werden von den Graduierten der Universitäten gewählt, und die übrigen kommen aus einem Kreis von »Personen mit Sachkenntnis und praktischer Erfahrung in bestimmten

Interessens- und Dienstleistungsbereichen« – so heißt es offiziell. Alle vom Dáil angenommenen Gesetzesvorlagen werden an den Seanad verwiesen. Umgekehrt kann auch der Seanad Gesetzesvorlagen einbringen, die dann nach ihrer Annahme an den Dáil verwiesen werden. Endgültig verhindern kann der Seanad jedoch kein Gesetz, er kann die Verabschiedung höchstens neunzig Tage lang hinauszögern.

Ein Posten im Seanad wird allgemein als Trostpflaster für gescheiterte Dáil-Kandidaten angesehen. Der bereits erwähnte Sean Doherty hatte seit Menschengedenken problemlos die lästige Wahlhürde übersprungen und war regelmäßig als bester Kandidat seines Wahlkreises in den Dáil eingezogen – nicht zuletzt wegen seiner Begräbnismarathons. Bei den Wahlen im Juni 1989 machte ihm jedoch die Lokalpolitik einen Strich durch die Rechnung: Da Fianna Fáils Sparwelle die Existenz des örtlichen Krankenhauses bedrohte, gaben die Wähler einem parteilosen Kandidaten ihre Stimmen. Der sichtlich geschockte Doherty machte sich nach dem Debakel selbst Mut und sagte allen, die es hören wollten, daß ihm als Trost ja zumindest der Sitz im Europaparlament bleibe. Das war voreilig: Die Europawahlen hatten am selben Tag wie die irischen Wahlen stattgefunden, die Stimmen waren aber erst zwei Tage später ausgezählt. Zu Dohertys blankem Entsetzen fiel er wiederum durch. Zur Entschädigung machte ihn sein damaliger Parteivorsitzender, Premierminister Charles Haughey, zum Senatsvorsitzenden.

Wie schon gesagt, erwies sich Doherty als höchst undankbar und stürzte Haughey Anfang 1992 mit der Enthüllung der Abhöraffaire. Bis dahin hatte Haughey, einer der reichsten Männer Irlands, noch jeden Skandal überlebt. Lediglich 1970, als er wegen Waffenschmuggels für die IRA angeklagt war, mußte er vorübergehend seinen Sessel als Justizminister räumen. Später wurde er von den Vorwürfen freigesprochen.

Haughey und sein Clan hielten jahrzehntelang die politischen Fäden Irlands geschickt in den Händen. Zwar fiel der Haughey-Sohn Sean bei den Parlamentswahlen durch, erhielt jedoch den Posten des Dubliner Oberbürgermeisters. Mit 27 Jahren war er der jüngste Oberbürgermeister aller Zeiten. Der Großvater, Sean Lemass, kommandierte während des irischen Unabhängigkeitskriegs 1919 bis 1921 ein IRA-Bataillon und war in den sechziger Jahren Regierungschef. Die Tante, Eileen Lemass, wurde 1989 ins Europäische Parlament gewählt.

Politischer Einfluß scheint in Irland erblich zu sein, wie eine Statistik aus dem Jahr 1980 belegt: Demnach war ein Viertel aller Parlamentarier mit einem ehemaligen Abgeordneten verwandt. Ein Dubliner Journalist bemerkte sarkastisch, es gehe in Irland zu wie in einer Bananenrepublik. »Nur das Klima ist nicht so beständig. Wir sind wohl doch eher eine Kartoffelrepublik«, sagte er in Anspielung auf die Nationalknolle, ohne die kein irisches Diner komplett ist. Mehr darüber im nächsten Kapitel.

Nichts geht ohne die Nationalknolle

Ohne Kartoffeln läuft in Irland gar nichts. Ich hatte einmal für meine irischen Nachbarn einen großen Topf Paprikagulasch gekocht – mit Reis. Nach dem Essen wollten sie mir ein Kompliment machen: »Das war ja fast wie ein Mittagessen.« Meinen entsetzten Einwand, es habe sich dabei tatsächlich um das Mittagessen gehandelt, ließen sie nicht gelten: »Es waren doch keine Kartoffeln dabei.«

Jeder Ire und jede Irin ißt 141 Kilogramm Kartoffeln im Jahr. Damit stehen sie an der Spitze in der Europäischen Union, beim Reisverbrauch bilden sie mit zwei Kilo dagegen das Schlußlicht. Dabei hat sich das irische Grundnahrungsmittel erst im späten 17. Jahrhundert durchgesetzt. Bis dahin beherrschten neben Getreide, Fleisch und Gemüse vor allem Milchprodukte den Speisezettel.

»Im alten Irland galt Gastfreundschaft nicht bloß als eine Tugend, sondern sie war vornehmste Pflicht«, schrieb der Berliner Galerist und Kenner der irischen Küche, Jürgen Schneider. »Die von den Heiligen vollbrachten Wunder haben oft mit einer Situation zu tun, da unerwartet Gäste zu Besuch kommen und die Speisekammern gähnend leer sind. Die Verärgerung ist natürlich stets nur von kurzer Dauer, denn unsere Heiligen wären nicht heilig, gelänge es ihnen nicht mit Hilfe des Allmächtigen, flugs Speis und Trank für die Gäste herbeizuzaubern. In der Überlieferung spielt dabei häufig Milch die entscheidende Rolle.« Die Milch von Kühen, Hirschkühen, Ziegen und Schafen wurde aber nicht nur frisch getrunken, sondern auch zu Käse, Quark und Dickmilch verarbeitet. Das irische Wort *bainne clabair* – dicke Milch – wurde von Engländern, die aus Irland berichteten, zu »Bonnyclabber« verballhornt.

Im 18. Jahrhundert sanken der Käsekonsum und damit auch die Käseproduktion drastisch. So mußten Irland-Urlauber bis vor kurzem mit dem weißen und roten Cheddar, jenem faden Massenprodukt, vorliebnehmen. Erst Ende der achtziger Jahre lebte die Käsetradition aufgrund kontinentaleuropäischer Einflüsse wieder auf, so daß Sie heute auf Märkten und in Supermärkten ein reichhaltiges Angebot einheimischer Sorten finden. Es sind vielfach Einwanderer aus den Niederlanden, Dänemark und Deutschland, die an der irischen Westküste Käsereien aufgebaut haben. Beim Marketing bleibt jedoch noch viel zu tun: Mit vier Kilogramm Jahresverbrauch hinken die Iren nach wie vor weit hinter ihren europäischen Kollegen her.

Doch zurück zur Nationalknolle. Die Unterwerfung Irlands im 17. Jahrhundert ging mit Strafgesetzen einher, die es Katholiken verboten, ihre Religion auszuüben und Land zu besitzen. Die englischen Gutsherren bewirtschafteten das konfiszierte Land meist nicht selbst, sie teilten es in Parzellen ein, die sie zu Wucherzinsen an die Einheimischen verpachteten. Diese Parzellen wurden mit jeder Generation kleiner, weil die Pächter sie unter ihren Kindern aufteilen mußten, bis vielen nur die Auswanderung übrigblieb. Für sie war die Einführung der Kartoffel zunächst ein Geschenk des Himmels, denn der Kartoffelanbau beansprucht gerade ein Fünftel der für eine ausreichende Getreideernte benötigten Fläche. Weil die Menschen nun genug zu essen hatten, heirateten sie früher und bekamen entsprechend mehr Kinder. Die Bevölkerungszahl stieg innerhalb weniger Generationen von dreieinhalb auf acht Millionen.

Die Kartoffel hatte freilich einen entscheidenden Nachteil: Sie ließ sich nicht bis zum Winterende aufbewahren. Deshalb hielten sich die meisten Kleinpächter nebenbei ein Schwein, um das Überleben der Familie in den letzten Winterwochen zu sichern. »Es mag vielleicht manchen nicht lieblich klingen«, schrieb der deutsche Reiseschriftsteller Johann Georg Kohl 1842, »aber als eine bloße einfache Wahrheit darf man es aussprechen, daß der Irländer sein Schwein genauso gut füttert wie seine Kinder... Auf dem Schwein beruht gewöhnlich der beste Teil der Hoffnung jedes armen irischen Bauern.«

Kein Verständnis für den Überlebenskampf der irischen Kleinpächter zeigte drei Jahre später ein anderer deutscher Reisender, der Nordfriese Knut Jong Clement: »Wieviel Küchenfertigkeit läßt sich auch bei einem Volk erwarten, welches großenteils von kahlen Kartoffeln lebt, deren Garmachung keiner Kochkunst bedarf? Wenn man bei uns zulande, was die Kochkunst betrifft, gleichsam aus Nichts Alles zu machen weiß, so weiß man in Irland, aus Allem Nichts zu machen.«

Im selben Jahr wurden die »kahlen Kartoffeln« vom Mehltau befallen. Das war der Auftakt für die größte Hungersnot in der irischen Geschichte. Den ersten Winter überstanden die meisten noch unter entsetzlichen Entbehrungen, doch als die Krankheit auch die nächsten Ernten vernichtete, nahm die Katastrophe ihren Lauf. Zum Hunger gesellte sich eine Pest- und Typhusepidemie. Die englischen Hilfsmaßnahmen waren halbherzig, da der Export von Vieh, Getreide und anderen Lebensmitteln nach Großbritannien und in die Kolonien fast uneingeschränkt weiterging. Eine Million Menschen verhungerte, und bis 1920 waren fünf Millionen Iren in die USA ausgewandert. Ein Sechstel der Auswanderer kam bei der Überfahrt oder nach der Ankunft in der Quarantäne ums Leben.

Die Ereignisse haben sich tief in die irische Psyche eingegraben. Nicht vergessen ist auch der Zynismus der anglikanischen Kirche, die Hungernde mit einem Teller Suppe zum Konvertieren bewegen wollte. Noch heute bezeichnen ältere Iren die Nachfahren dieser Konvertiten geringschätzig als *Soupers*, die ihren Glauben für einen Teller Suppe verrieten.

Übrigens hatte Knut Jong Clement unrecht. Die Iren machen mehr aus Kartoffeln, als sie lediglich garzukochen. Probieren Sie einmal *Boxty*, einen gefüllten Kartoffelpfannkuchen, oder *Champ*, ein traditionelles nordirisches Gericht aus Stampfkartoffeln, Frühlingszwiebeln, Milch und zerlaufener Butter. Kartoffeln sind auch ein wichtiger Bestandteil der im Ausland wohl bekanntesten irischen Speise, des *Irish Stew*. Dieser Hammeleintopf taucht auf den Speisekarten irischer Restaurants leider viel zu selten auf. Das Nationalgericht ist eher *Bacon, Cabbage and Potatoes*: Kochschinken, zerkochter Kohl und gekochte Kartoffeln. Die meisten Kartoffeln werden jedoch zu Pommes frites verarbeitet,

— *93* —

die in Irland *Chips* heißen – im Gegensatz zu Kartoffel-
chips, die *Crisps* genannt werden und in einem Dutzend
Geschmacksrichtungen erhältlich sind.

An den Pommes frites scheiden sich die Geister: Manche bevorzugen die bleistiftdünnen, trockenen Stäbchen,
wie sie in Hamburgerketten serviert werden, während
Traditionalisten auf dicken, fettigen *Chips* bestehen, die
in Zeitungspapier eingewickelt werden. Einig sind sich
alle darin, daß Salz und Essig auf die Pommes frites gehören. Der landesweit berühmteste *Chipper* ist Leo Bur-
dock's in der Dubliner Werburgh Street, wo man immer
mit Warteschlangen rechnen muß. Eingefleischte Fans
würden ihre Pommes frites nie woanders kaufen.

Bekannt ist auch Beshoff's, ein Imbiß für gehobene
Ansprüche in Dublins Westmoreland Street. Ivan Beshoff, der Gründer des Unternehmens, hatte 1905 an der
Meuterei auf dem russischen Panzerkreuzer *Potemkin*
teilgenommen und war 1912 auf dem Weg nach Kanada
in Irland hängengeblieben. Beshoff hatte mit Lenin drei
Monate in London gelebt und wurde in Irland zum Anhänger der IRA, für die er Waffen in seinem Laden ver-
steckte. Offenbar bekam ihm die Dubliner Luft: Beshoff
starb Ende der achtziger Jahre kurz nach seinem 101. Geburtstag.

Liegen die Iren beim Kartoffelverbrauch unangefoch-
ten an der europäischen Spitze, so landen sie mit 33 Kilogramm Obst deutlich abgeschlagen auf dem letzten
Platz. Obwohl der Anteil landwirtschaftlicher Fläche 81
Prozent – mehr als in allen anderen EU-Ländern – beträgt und aufgrund des milden Klimas eine ganze Reihe
von Früchten und Gemüsen gedeihen könnten, scheuen
die irischen Bauern das Risiko. In den letzten Jahren hat

sich jedoch einiges getan, und das Angebot an Obst und Gemüse wird von Jahr zu Jahr besser. Auf den städtischen Wochenmärkten trifft man immer häufiger auf Ökobauern aus der Umgebung, in vielen Fällen »Aussteiger« aus anderen europäischen Ländern, die ihre qualitativ hochwertige Ware zu erstaunlich günstigen Preisen anbieten. Sogar das herkömmlich angebaute irische Obst und Gemüse ist weit weniger belastet als deutsche Ware aus dem Ökoanbau.

Eine irische Institution sind die Marktfrauen in der Dubliner Moore Street, bei denen man täglich neben Obst und Gemüse auch Fisch, Feuerzeuge, Tabak und andere Utensilien einkaufen kann. Wie sehr Sie beim Obsteinkauf auch aufpassen mögen, es wird den Marktfrauen immer gelingen, Ihnen ein faules Stück unterzujubeln. Dafür ist der Rest meist in Ordnung und der Preis niedrig. Lassen Sie sich keinesfalls auf eine Diskussion ein – Sie würden mit Sicherheit den kürzeren ziehen. Und versuchen Sie nicht, das Obst und Gemüse selbst auszuwählen: Schließlich haben die Marktfrauen die Ware mit Bedacht so angeordnet, daß sie appetitlich aussieht und die schlechten Exemplare verdeckt sind. Darüber hinaus gibt es ja die EU-Vorschriften. »Ich wollte mir eine Avocado etwas genauer ansehen«, erzählte mir eine Besucherin aus Leipzig, »da entwindet mir die Verkäuferin mit ihren unsäglich schmutzigen Händen das Stück und behauptet, daß sie Ärger mit Brüssel bekäme, wenn ich ihr Gemüse angrapsche.«

Das Angebot in den Supermärkten unterscheidet sich nur in der Gewichtung vom kontinentaleuropäischen. Die Iren sind eine Nation der Keksesser und Weißbrotkonsumenten. In den Geschäften treffen Sie auf ganze Wände aufgestapelter Gummibrote. Vor einigen Jahren kam es zu einem regelrechten »Weißbrotkrieg«, als über Nacht die Marke »Five Star« zu einem Dumpingpreis von 39 Pence aufgetaucht war. Niemand wußte, wo das Brot eigentlich gebacken wurde.

Angefangen hatte es damit, daß der Dubliner Geschäftsmann Ben Dunne die Brotpreise in seiner Supermarktkette senkte. Dafür hatte er sich eigens eine Großbäckerei zugelegt, die vollautomatisiert war und mit vierzig Beschäftigten auskam – statt mit 500 Angestellten in vergleichbaren Bäckereien. Obwohl das Niedrigangebot gegen das Gesetz über Mindestpreise verstieß, blieb Dunne von einer Klage verschont; die irische Regierung zog es vor, das Gesetz abzuschaffen. Die Folge war, daß die anderen Supermärkte nachziehen mußten. Überall tauchten Billigmarken auf, die den bis dahin üblichen Brotpreis um die Hälfte unterschritten. Vermutlich stammte die Ware aus normalen Großbäckereien, die mit dem »namenlosen« Billigbrot ihren Marktanteil behaupten wollten. Schließlich mußten auch die Preise für Markenbrot um ein Viertel gesenkt werden. Den Bäckereien fehlte der lange Atem, um gegen Dunne durchzuhalten. Zahlreiche kleinere Bäckereien meldeten Konkurs an.

In den riesigen Supermärkten der Trabantenstädte waren die Angestellten ständig damit beschäftigt, die Regale mit Billigbrot aufzufüllen. Viele Läden setzten Sonderbusse ein, um die Kaufwilligen aus der Umgebung einzusammeln und kostenlos in die »Einkaufsparadiese« zu transportieren. Nach jeder Busladung waren die »Five Star«-Regale wie leergefegt. Ein älterer Herr

— 96 —

klagte: »Es ist schade um die ganzen traditionsreichen Bäckereien. Früher gab es in jedem Ort eine Bäckerei. Für mich ist das Billigbrot natürlich sehr verlockend. Ich habe eine große Familie.« Sprach's und packte sich fünf der elastischen Achthundert-Gramm-Laibe in den Einkaufskorb.

Inzwischen ist der Weißbrotkrieg beendet, und das Sortiment hat sich langsam erweitert. Dem Vergleich mit dem Angebot Ihres Bäckers zu Hause wird es vielleicht nicht standhalten. Aber versuchen Sie einmal das traditionelle braune Sodabrot. Zwar ist irisches Mehl aufgrund des Klimas von nicht sehr hoher Qualität und für lockere Teigwaren eher ungeeignet, doch ein mit Buttermilch gebackenes Sodabrot ist durchaus empfehlenswert – vor allem zu Räucherlachs, Austern oder anderen Meeresfrüchten.

Die Supermärkte sind den ganzen Samstag geöffnet, und in den Städten schließen sie an einem Wochentag sogar erst um 21 Uhr. Später am Abend können Sie sich in Eckläden oder an Tankstellen noch mit dem Nötigsten eindecken. Auf dem Land ist der örtliche Pub oftmals gleichzeitig das Lebensmittelgeschäft, so daß Sie bis zur Sperrstunde – 23 Uhr – einkaufen können. In Wexford im Südosten gibt es gar einen Wirt, der nebenbei Lebensmittelhändler und Bestattungsunternehmer ist. Entsprechend hat er seine drei Schaufenster bestückt: In einem Fenster wirbt er für Bier und Schnaps, im anderen sind Gemüsedosen gestapelt und im dritten steht ein Sarg.

Die Iren geben 40 Prozent ihres privaten Einkommens für die Ernährung aus. 1970 waren es noch fünf Prozent mehr. Ein überproportionaler Teil wird vermutlich ins

Frühstück investiert. Schon James Joyce sagt im *Ulysses* über seinen Protagonisten Leopold Bloom: »Er liebte dicke Gänsekleinsuppen, leckere Muskelmägen, gespicktes Bratherz, panierte kroß geröstete Leberschnitten, gerösteten Dorschrogen. Am allerliebsten hatte er gegrillte Hammelniere, die seinem Gaumen einen feinen Beigeschmack schwachduftigen Urins vermittelten. Nieren beschäftigten seine Gedanken, während er sich sacht in der Küche umherbewegte und ihr das Frühstück richtete auf dem bucklig verzogenen Tablett. «

Heutzutage fällt das irische Frühstück nicht mehr ganz so exotisch aus, kommt aber immer noch einem Frontalangriff auf die Leber gleich: Es gibt Speck und Eier, Pilze und Tomaten, Würstchen und Pudding – und alles ist gebraten, im Extremfall sogar das Weißbrot. Bei dem weißen oder schwarzen Pudding handelt es sich übrigens nicht um eine Süßspeise, sondern um eine Art Blut- oder Leberwurst.

Vorsicht ist auch bei den Würstchen angebracht: Im rohen Zustand sehen sie wie mit Sägemehl gefüllte Kondome aus – und so schmecken sie auch, wenn sie gebraten sind. Überraschenderweise gibt es strenge Küchenregeln, wie dieser kulinarische Alptraum zu verarbeiten ist. Anpieken ist verpönt. Statt dessen muß das Würstchen vorsichtig gebraten werden, damit es sich nicht wie ein Wurm zusammenrollt oder gar platzt. Erst wenn es dunkelbraun und leicht angekohlt ist, darf es serviert werden. Jedenfalls hält ein solches Frühstück lange vor, so daß Sie wahrscheinlich erst abends wieder ans Essen denken.

Die Zeiten, in denen ein Restaurantbesuch mit unwägbaren Risiken behaftet war, gehören der Vergangenheit an. Sie können in Irland hervorragend essen – vorausgesetzt, Sie sind weder Vegetarier noch Kind. Vegetarische Gerichte setzen sich erst langsam auf irischen Speisenkarten durch, und das Kindermenü beschränkt sich meist auf Pommes frites, gebackene Bohnen und wahlweise Würstchen, Hamburger oder Fischstäbchen.

Eine gastronomische Wüste betreten Sie in den Midlands, was daran liegt, daß sich nur wenige Touristen dorthin verirren. Das Essen in den meisten Hotels und Restaurants dieser Region erinnert an Großkantinen: Kartoffeln und Gemüse, aus denen jegliche Geschmacks- und Nährstoffe herausgekocht worden sind, schwimmen in einer alles ertränkenden Sauce. Zu meiden sind auch die neonbeleuchteten Altölbratereien an den Verkehrsschlagadern. Natürlich gibt es hier Ausnahmen, aber bis Sie die ausfindig gemacht haben, ist Ihnen der Appetit vermutlich längst vergangen. Vorsicht ist geboten vor Ladenschildern, die ein »Café« verheißen. Meistens verbirgt sich dahinter ein nur mühsam als Restaurant getarnter Schnellimbiß, in dem Ihnen schlechter Kaffee zu fettigem Essen serviert wird – in Touristenorten obendrein zu überhöhten Preisen.

Das gilt hingegen nicht für »Bewley's Oriental Café«. Das Unternehmen mit acht Filialen in Dublin blickt auf eine 150jährige Geschichte zurück und gehört zur Kultur der Hauptstadt wie das Abbey-Theater. Bei »Bewley's« treffen sich alle Schichten und Altersgruppen, hier kann man sich bei gutem Kaffee oder Tee unterhalten oder Zeitung lesen.

Wenn Sie böse Überraschungen vermeiden wollen, sei Ihnen der *Bridgestone Irish Food Guide* empfohlen, der

Sie in sämtliche kulinarische Geheimnisse der Grünen Insel einweiht. Damit ausgerüstet, können Sie bei der Restaurantwahl eigentlich keinen Fehler machen. Billig ist das Eßvergnügen in Irland allerdings nicht. Zur *Lunchtime* bieten viele Restaurants einen günstigen Mittagstisch an, der erheblich unter den Preisen für ein Abendessen liegt. Aber um diese Stunde sind Sie wahrscheinlich noch vom Frühstück satt.

Sollten Sie Wert auf ein Bier zum Essen legen, müssen Sie sich vorher erkundigen, ob das Restaurant über die entsprechende Lizenz verfügt. Vor allem Restaurants der unteren Preisklassen dürfen oft nur Wein ausschenken. Aufgrund des irischen Steuersystems ist der Wein im Laden zwar teurer als in Deutschland oder gar Frankreich, im Restaurant jedoch etwas billiger.

Auch wenn sich niemand auf eine Schlemmerreise durch Irland begibt, so ist doch festzustellen, daß sich in der Gastronomie seit den achtziger Jahren sehr viel getan hat und noch tut – vielleicht nicht immer ganz freiwillig. So hat die europäische Quotenregelung für Rind- und Schweinefleisch dazu geführt, daß sich viele Bauern einem Produkt zugewendet haben, das noch keinen Beschränkungen unterliegt: dem Wild. Die Regierung spielte mit und subventionierte das Produkt, so daß Sie es heute auf mancher Speisekarte finden – im Gegensatz zu Kalbfleisch, das in Irland kaum verbreitet ist.

Glücklicherweise gibt es inzwischen eine ganze Reihe guter Fischrestaurants, was in Anbetracht der Insellage auf der Hand liegt, wie man meinen sollte, aber bis vor kurzem gar nicht selbstverständlich war. Fisch wurde nämlich nur am Freitag, dem Fastentag, serviert. Ein Fischgericht galt somit als selbstauferlegte Buße.

Nordirland hinkt in der kulinarischen Entwicklung etwas hinterher. Als Großbritannien nach dem Ende des Zweiten Weltkrieges eine Politik der billigen Lebensmittel propagierte, galt das natürlich auch für die britische Provinz Nordirland. Das Resultat ist eine noch immer homogenisierte Restaurantlandschaft, aus der nur hier und da ein Lokal herausragt.

Zum Schluß noch ein Tip, wenn Sie mittags eine schnelle und preiswerte Mahlzeit zu sich nehmen wollen und nicht unbedingt eine gastronomische Offenbarung erwarten: Immer mehr Pubs bieten mittags komplette Gerichte an, die sich weder in der Zusammenstellung noch im Preis unterscheiden und durchaus annehmbar sind. Denken Sie dabei jedoch an den Belfaster Schriftsteller Sean McGuffin, der gesagt hat: »Pubs sind zum Saufen da, nicht zum Essen.«

Last orders, Ladies and Gentleman!

Nach einem irischen Nationalgetränk befragt, käme Ihnen vermutlich zuerst Guinness in den Sinn, danach vielleicht noch Whiskey, der im Gegensatz zum schottischen Whisky mit »e« geschrieben wird. Im Alkoholverbrauch sind die Iren jedoch längst nicht Weltmeister – wohl aber im Teetrinken. Mit zweihundert Litern Tee pro Person und Jahr schlagen sie sogar die Engländer deutlich. In keinem irischen Haushalt wird der Wasserkessel tagsüber kalt, und ohne eine morgendliche Tasse Tee sind die meisten Iren nicht zu gebrauchen.

Dennoch hat der Ruf der Iren, einem gebrannten Tropfen nicht abgeneigt zu sein, durchaus seine Grundlage, wie schon der deutsche Adlige Hermann von Pückler-Muskau bemerkte, der Irland 1828 bereiste. In Athenry, wo er die Abteiruine besuchen wollte, folgten ihm Bettler auf Schritt und Tritt. »Als ich bei der Zurückkunft ein paar Hände voll Kupfer unter sie warf«, schrieb er, »lag bald, von alt und jung, die Hälfte im Straßenkot, sich blutig schlagend, während die andern schnell in die Branntweinschänke liefen, um das Gewonnene zu trinken.«

Guinness ist der bei weitem bekannteste irische Exportartikel, obwohl der Bier-Multi seinen Hauptsitz längst in England hat. Viele Schriftsteller haben dem Getränk in ihren Werken ein Denkmal gesetzt. Von der Krimiautorin Dorothy L. Sayers stammt der berühmteste Werbespruch: *Guinness is good for you.* Doch nicht alle Dichterworte sind für die Guinness-Werbemanager zitierfähig. So sinniert Leopold Bloom in James Joyces *Ulysses*: »Fässer voller Porter, wunderbar. Da sind auch Ratten drin. Saufen sich voll, bis sie wie Wasserleichen aussehen. Und so was trinkt man nun. Das muß man sich mal vorstellen. Rotz, Kotz. Na ja, wenn wir alles wüßten.«

Die Brauerei wurde 1759 von Arthur Guinness gegründet. Bier war damals, insbesondere auf dem Land, nahezu unbekannt. Die Iren tranken statt dessen Whiskey, Gin und Poitín, was eigentlich »kleiner Topf« bedeutet und vor allem den meist aus Kartoffeln gebrannten, farblosen Schnaps bezeichnet, dem seinerzeit wundersame Heilkräfte nachgesagt wurden. So sollte er unter anderem »Fleischwürmer töten, die jugendliche Kraft verstärken, den Darmwind pfeifen lassen und das Herz erleuchten«.

Als die Regierung 1760 ein Gesetz erließ, das die private Herstellung von Hochprozentigem untersagte, wurde über Nacht ein Großteil der irischen Bevölkerung zu Kriminellen – unterbinden konnte das Gesetz die Brennerei nämlich keineswegs. Die Schwarzbrenner waren äußerst erfindungsreich und versteckten ihren Poitín in allen möglichen Behältnissen – von kleinen Torfkarren bis hin zu Särgen bei falschen Beerdigungen. Die katholische Kirche erklärte die illegale Brennerei im vergangenen Jahrhundert schließlich zur Kardinalsünde. Dennoch hat der Poitín bis heute überlebt, nicht zuletzt wegen der hohen Alkoholsteuer, die den legalen irischen Whiskey – der seinen weichen Geschmack übrigens der Tatsache verdankt, daß er dreimal destilliert wird – zu einem teuren Vergnügen macht.

Seien Sie jedoch vorsichtig, wenn man Ihnen Poitín anbietet. Er ist meist nur stark verdünnt genießbar – und zuweilen nicht mal dann.»Wenn Ihnen Ihre Verdauung auch nur das geringste bedeutet, dann lassen Sie die Finger davon«, riet der Schriftsteller Brendan Behan, der bei alkoholischen Getränken nicht gerade wählerisch war. Hören Sie auf ihn: Wenn Sie den Schwarzbrenner nicht genau kennen, nehmen Sie sich lieber eine legal hergestellte Marke als Souvenir mit nach Hause – oder ein »gezapftes« Guinness.

1988 brachte die Brauerei Dosen-Faßbier auf den Markt, das den etwas umständlichen Vorläufer in Flaschen ablöste. Bis dahin erhielt man nämlich zu jedem Sechserpack eine kleine Plastikspritze, mit der man dem zunächst schalen Getränk Leben einhauchen mußte. Zerbrach die primitive Spritze nach der ersten Flasche und nach Ladenschluß, hatte man das Nachsehen. Erfahrene Trinker hielten deshalb immer eine Ersatzspritze bereit. Doch auch sie nützte wenig, sobald die Konzentration – nach der zehnten Flasche – nachließ, und das Guinness in der Spritze nicht im Glas landete, sondern auf der Krawatte des Gegenübers.

Die neue Erfindung in Dosen funktioniert ohne operativen Eingriff und erfordert keinerlei Konzentration. Auf dem Boden der Dose befindet sich eine Plastikkapsel, die mit einer Mischung aus Guinness und Flüssiggas gefüllt ist. Beim Aufreißen der Dose entsteht Druck, der das Gemisch durch ein kleines Loch in der Kammer preßt. Dadurch bilden sich Luftblasen, die der eingedosten Flüssigkeit eine sahnige Blume und täuschende Ähnlichkeit mit einem gezapften Guinness verleihen. Die Entwicklung und Vermarktung der Erfindung hat vierzig Millionen Pfund gekostet, die sich für die Firma längst gelohnt haben. Das Dosenbier vom Hahn gehört zu den Bestsellern, der Umsatz liegt bei 45 Millionen Pfund im Jahr. Prost – oder irisch: *Sláinte!*

Die Guinness-Brauerei bestand anfangs aus einem Kupferkessel, einem Maischbottich, einer Getreidemühle, zwei Malzhäusern und zwölf Pferden sowie einem Dachboden mit zweihundert Tonnen Heu. Arthur Guinness braute zunächst helles Bier und englisches Ale. Erst später stieg er auf das dunkle Porter um, das seinen Namen dem Umstand verdankt, daß es bei den Gepäckträgern (*Porters*) im Londoner Covent Garden so beliebt war. Aus dem Porter wurde schließlich das stärkere Stout, das den Firmennamen in aller Welt bekannt gemacht hat.

Der Werbefilm, der in dem zum Besucherzentrum umgebauten ehemaligen Hopfenlagerhaus in Dublin gezeigt wird, erzählt allerlei reklamewirksame Anekdoten. So soll eine Expedition 1927 am Nordpol vier Flaschen Guinness gefunden haben, die ein anderes Forschungsteam 18 Jahre zuvor dort zurückgelassen hatte – selbstverständlich war das Gebräu immer noch *good for you*, wird im Film behauptet. Und der Schriftsteller Robert Louis Stevenson soll auf seiner Reise nach Samoa einen Kasten des schwarzen Gebräus als Reiseproviant mitgenommen haben.

Heute hätte er das nicht mehr nötig. Guinness gibt es inzwischen in über 120 Ländern, 22 Brauereien stellen das irische Nationalgetränk im Ausland her. Das Dubliner Stammhaus produziert täglich 1,4 Millionen Liter, 40 Prozent davon für den Export. Der Alkoholgehalt des Exportprodukts wird der jeweils »landesüblichen Trinkstärke« angepaßt: Während das Guinness in Irland nur vier Prozent hat, beträgt der Alkoholgehalt in Deutschland zum Beispiel fünf und in Ghana gar acht Prozent.

Natürlich weist die Brauerei keine Ähnlichkeit mehr mit der Produktionsstätte der Gründungszeit auf, heute geht es hochtechnologisch zu. Neben dem Stout produziert Guinness ein helles Bier, hat aber auch in ganz andere Bereiche investiert: in schottischen Whisky und in Autos, in Fleisch und in Blumenzucht, Pharmazeutika und Bootsferien auf dem Shannon, in Elektronik und Buchverlage. Das *Guinness-Buch der Rekorde* ist inzwischen in zwei Dutzend Sprachen übersetzt und wird mit über sechzig Millionen verkauften Exemplaren einzig von der Bibel übertroffen.

In Irland ist Guinness längst eine Institution. Unter Experten – und wer ist das nicht – spricht es sich schnell herum, wo ein guter *Pint* gezapft wird. Der Pint, jene magischen 0,56 Liter, ist die Maßeinheit, um die sich im Pub alles dreht. Zwar ist Irland seit dem EG-Beitritt allmählich dezimalisiert, doch der Pint hält allen Angriffen stand. Weicht die Qualität des Guinness eine Nuance vom hohen Anspruch der Trinker ab, nimmt der Wirt den Pint anstandslos zurück – selbst wenn das Glas schon fast leer ist, weil die halbe Kneipe davon probiert und dem Gebräu Ungenießbarkeit bescheinigt hat. Keiner anderen Biersorte widerfährt auch nur ein Bruchteil dieser Aufmerksamkeit. So fließt ein *Lager* – ein dünnes, helles Bier – wie Wasser in Sekundenschnelle ins Glas und wird schaumlos serviert.

Die Maße, in denen Whiskey und Schnäpse in Irland auf den Tisch kommen, sind großzügiger, als Sie es von zu Hause gewohnt sind. Den Whiskey sollten Sie übrigens ohne Eis, höchstens mit einem Tropfen Wasser, trinken. Im Falle einer Erkältung wird man Ihnen einen *Hot Whiskey* mit Zitrone, Zucker und Gewürznelken empfehlen. Ob der hilft, ist nicht sicher, aber der Gesundheitstrunk schmeckt ausgezeichnet. Der berühmte *Irish Coffee* ist dagegen eine Erfindung für Touristen: In den fünfziger Jahren ersann ein Barkeeper auf dem Flughafen Shannon dieses Getränk, um den US-Passagieren die Wartezeit zu verkürzen, weil ihr Flugzeug im dichten irischen Nebel nicht aufsteigen konnte.

Die Iren sind stolz darauf, den Whiskey erfunden zu haben. Der Name des edlen Getränks stammt von dem alten irischen Wort *Uisce Beatha*: Lebenswasser. Aus diesen, für englische Zungen unaussprechlichen Wörtchen, wurde das simple »Whiskey«. Der schon erwähnte Johannes Georg Kohl bemerkte dazu in seinem Buch *Reisen in Irland*: »Die jetzige Orthographie verdirbt die irischen Namen überall.«

1965 schlossen sich die Brennereien Power, Tullamore Dew, Paddy und Jameson zur Irish Distillers Group zusammen, um den Wettbewerb auf dem einheimischen Markt auszuschalten und sich verstärkt dem Export widmen zu können. 1973 schloß sich auch die älteste Destille der Welt, Bushmills aus Nordirland, an, so daß die Irish Distillers Group das Whiskey-Monopol auf der Insel besaß. Die internationale Vermarktung ihrer Erzeugnisse ließ dennoch weiterhin zu wünschen übrig. Auf dem lukrativen amerikanischen Markt konnte sich der irische Whiskey kaum durchsetzen.

Bis zur Prohibition war irischer Whiskey in den Vereinigten Staaten marktbeherrschend. Doch während des Alkoholverbots 1920 bis 1933 brannten viele Amerikaner ihren Whiskey schwarz und gaben ihm wohlklingende irische Namen. Die erbärmliche Qualität des illegalen Gebräus ruinierte den Ruf des irischen Whiskeys. Nach Aufhebung der Prohibition eroberte der schottische Whisky den US-Markt. Er hat den Vorteil, daß er billiger zu produzieren ist: Er wird nur zweimal destilliert. Außerdem benutzen die Schotten ein kostengünstigeres Herstellungsverfahren, die Coffey-Destille. Sie wurde um die Jahrhundertwende ausgerechnet von einem irischen Zollbeamten namens Aeneas Coffey erfunden, der seine Landsleute nicht von den Vorteilen seiner Destille überzeugen konnte.

Das schwache Exportergebnis des irischen Whiskeys löste 1988 ein Börsendrama von hohem Unterhaltungswert aus: Nach mitternächtlichen Scheinangeboten, feindlichen Übernahmeofferten, einem Eingreifen des Europäischen Gerichtshofes und Urteilen des Londoner Kartellamtes ging die Irish Distillers Group schließlich in den Besitz des französischen Unternehmens Pernod Ricard über. Seitdem sind wieder einige kleine Brennereien in Irland gegründet worden, die erlesene Tropfen zu exorbitanten Preisen anbieten.

Doch auch ordinäres Bier und einfacher Schnaps sind im Supermarkt oder in den lizensierten Verkaufsstellen, den *Off-Licenses*, kaum billiger als im Pub. Deshalb sind alkoholische Getränke in irischen Haushalten eine Seltenheit – die Iren trinken lieber in der Kneipe.

Der nächste Pub ist nie weit. Er ist ein wichtiger sozialer Knotenpunkt, er ist Treffpunkt, Nachrichtenbörse, Büro für Geschäftsabschlüsse, Kontaktschmiede, politische Bühne und Forum für *Blarney*, womit irische Redekunst oder auch Geschwätzigkeit gemeint ist. Der Begriff kommt von Blarney Castle bei Cork, wo sich Besucher auf dem Turm rückwärts über die Brüstung hinauslehnen und den »Blarney Stone« küssen können, um die Gabe der Beredsamkeit zu erwerben, wie es eine Legende besagt.

In der Republik Irland gibt es über 10 000 Pubs, in Nordirland etwa 2000. Mehr als 50 000 Menschen leben von diesem Erwerbszweig. Mancher kleine Ort scheint mehr Kneipen als Wohnhäuser zu haben. In verschiedenen Kleinstädten kommt auf hundert Einwohner ein Pub. Das Örtchen Listowel in der Grafschaft Kerry weist bei knapp 3000 Einwohner gar stolze 52 Pubs auf.

Billig ist das Trinkvergnügen freilich nicht. Noch keine irische Regierung vermochte der Versuchung zu widerstehen, die Schwäche ihrer Landsleute auszunutzen und die Alkoholsteuern zu erhöhen. Der Pint kostet inzwischen über zwei Pfund, was dem Run auf die Theke kurz vor der Polizeistunde aber keinen Abbruch tut. Die Zapfhähne versiegen um 23 Uhr, an Wochentagen im Sommer eine halbe Stunde später. Erfahrene Pub-Besucher bestellen kurz vorher gleich mehrere Getränke, weil die Zeit zum Austrinken recht großzügig bemessen ist. Lassen Sie sich durch die mal drohende, mal flehentliche Stimme des Wirts nur nicht aus der Ruhe bringen, mit der er die Kneipe gerne räumen möchte: *Time, ladies 'n gentlemen, please!*

Das Ritual spielt sich jeden Abend aufs neue ab. In

Dublin werden die Schankzeiten relativ streng eingehalten, weil dem Wirt ansonsten Geldstrafen und im Wiederholungsfall Konzessionsentzug drohen. Auf dem Land, wo das nächste Polizeirevier weit weg ist oder der Dorfpolizist sogar selbst am Tresen sitzt, geht es im Hinterzimmer nicht selten bis zum Morgengrauen weiter. Um die Lage richtig einschätzen zu können, sollten Sie auf das Verhalten der Stammgäste achten.

Häufig finden in den Nebenräumen der Pubs wohltätige Quizveranstaltungen statt. Die Teilnehmer entrichten eine Gebühr für einen guten Zweck und dürfen sich dann in Teams zu vier Leuten zehn Runden lang mit obskuren Fragen herumschlagen. Jede Runde besteht aus sechs Fragen, etwa: »Wie hießen die drei Fianna-Fáil-Abgeordneten aus West-Limerick, die 1927 ins Parlament gewählt wurden?« Es ist verblüffend, wieviel Trivialwissen Menschen anhäufen können.

In den Bereich der Legende gehört, daß die Iren stets einen Dudelsack oder zumindest eine kleine Blechflöte, die *Tin Whistle*, mit sich herumtragen und nach drei Guinness unweigerlich in Gesang und Musik ausbrechen. Zwar gibt es die *Pub Sessions* tatsächlich, doch sie sind inzwischen gut organisiert und in Veranstaltungszeitschriften angekündigt.

Die irische traditionelle Musik gliedert sich in zwei Kategorien: Instrumentalmusik, die zum überwiegenden Teil als Begleitung für Volkstänze dient, und Gesang, der unbegleitet im »alten Stil« (*sean nós*) vorgetragen wird. Sean nós ist eine Art rezitativer Gesang, der meist nur eine Oktave umfaßt. Es gibt keine feste Melodie – sie wird von Strophe zu Strophe variiert. »Man preßt die Töne hervor, als sei man ein Muezzin, und

nicht anders als deren östliche Töne kommen und gehen
die irischen Melodien in gleichförmiger Weise«, schreibt
Margit Wagner in ihrem Buch *Irland*.

Der Dudelsack gilt als das irischste Musikinstrument.
Tatsächlich sind im *Dictionary of Musical Instruments* jedoch siebzig verschiedene Arten aus aller Welt aufgelistet. Die irische Version wird im Gegensatz zu den meisten anderen mit Hilfe eines Blasebalgs gespielt, der am
Ellenbogen festgeschnallt wird – daher der irische Name
Uilleann Pipes, Ellenbogenpfeifen. Das Instrument ist jedoch erst Anfang des 18. Jahrhunderts entwickelt worden. In dieser Zeit kam auch die *Fiddle* nach Irland – vermutlich im Gepäck der Fahrenden, der Travellers.

Wesentlich älter ist die Harfe, die über Jahrhunderte
das wichtigste Instrument irischer Musik war. Sie
wurde solo gespielt oder zur Begleitung von langen epischen Gedichten eingesetzt, die von den Filí vorgetragen
wurden, den Hofpoeten von hohem sozialen Rang. Har-
fenmusik war die Kunstmusik der keltischen Gesellschaft, die Musik der Oberschicht. Sie bestimmte – verbunden mit Tänzen und Gedichten – einen großen Teil
des Lebens. Doch mit der zunehmenden Anglisierung
Irlands begann der Niedergang der Harfner. Sie musi-
zierten zunächst für beide Bevölkerungsgruppen, doch
mit dem Ende der gälischen Gesellschaftsordnung nach
Cromwells Sieg 1649 war auch ihr Untergang nicht
mehr aufzuhalten.

Die Barden, die bis dahin eine untergeordnete Rolle
gespielt hatten, begannen nun, eigene Lieder und Ge-
dichte zu schreiben. Ihr Publikum kam – wie sie selbst –
vor allem aus der Unterschicht. Mitte des vergangenen
Jahrhunderts machte die Hungersnot auch ihrer Musik

ein Ende: In einer Zeit, in der Hungertod und Auswanderung die Bevölkerung um die Hälfte dezimierten, stand niemandem der Sinn nach Musik.

Die Versuche der kulturellen Wiederbelebung, die im Zuge eines neuen Nationalbewußtseins Anfang des Jahrhunderts einsetzten, wären fast an der Kulturpolitik des jungen irischen Freistaats gescheitert. Hatten die englischen Besatzer die irischen Traditionen, die ihnen als Ausdruck eines Nationalbewußtseins suspekt waren und gefährlich erschienen, über Jahrhunderte unterdrückt, so machte sich der Freistaat nach seiner Gründung sogleich daran, die überlieferten Sitten und Bräuche zu pflegen. Dabei schüttete man das Kind mit dem Bade aus. Die Regierung legte fest, welche Tänze, Lieder und Gesangstile »unirisch« waren, und verbot sie kurzerhand. Genauso waren Instrumente wie Klavier, Schlagzeug und Banjo verpönt, weil sie dem »Reinheitsgebot« der Regierung nicht genügten.

Der Musikexperte und Lyriker Ciarán Carson meint dagegen, daß es »traditionelle Instrumente« gar nicht gibt: »Ein Instrument ist nur ein Mittel zum Zweck – in diesem Fall zur Produktion traditioneller Musik. Ob ein Musiker nun traditionelle Musik spielt oder nicht, das muß er mit sich, seinem Instrument und der ganzen Welt ausmachen.«

In den vierziger Jahren interessierte sich niemand mehr für irische Musik – die Iren hörten US-amerikanische Schlager. Aus den USA kam dann die Inspiration, die der irischen Musik zu neuem Leben verhalf: Im Sog der Folk-Welle, ausgelöst durch Woody Guthrie, entstanden zahlreiche Balladengruppen irischer Emigranten, die amerikanische Einflüsse mit ihren traditionellen

Liedern kombinierten. Über diesen Umweg fand die irische Musik wieder zurück in ihre Heimat, wo sie nicht nur nachgespielt, sondern auch weiterentwickelt wurde: In den siebziger Jahren entliehen experimentierfreudige Musiker aus der Rockmusik das Schlagzeug und die Verstärker sowie aus dem Jazz das Saxophon und schufen eine neue irische Musik, die inzwischen Einfluß auf die internationale Rockmusik genommen hat. Daneben gibt es immer noch Dutzende ausgezeichneter traditioneller Gruppen, die in den kleinen und großen Veranstaltungsorten auftreten – und viele Amateurmusiker, die zu den Pub Sessions zusammenkommen. Die Kneipenatmosphäre kommt der irischen Musik mehr entgegen als ein Konzertsaal. In den meisten Pubs werden Sie statt musizierender Einheimischer jedoch einen Farbfernseher vorfinden.

Das Interieur vieler alter Pubs ist dem Modernisierungseifer und Kunststoffwahn der fünfziger Jahre zum Opfer gefallen. Erst seit den achtziger Jahren feiern die Originaleinrichtungen – als Imitationen – ein Comeback. So unterschiedlich die einzelnen Kneipen hinsichtlich Größe, Einrichtung und Umsatz auch sein mögen, sie sind – von einigen Ausnahmen in der Dubliner Innenstadt abgesehen – weder nach Klassen noch nach Altersgruppen eingeteilt, wohl aber nach Geschlechtern.

Obwohl die meisten Gastwirte ihren Widerstand gegen Frauen in Pubs inzwischen aufgegeben haben, ist die Bar nach wie vor Männerdomäne. Frauen gehören nach Ansicht der Männer in die benachbarte *Lounge*, wo die Sitze gepolstert und die Getränke teurer sind. Einige wenige Pubs verfügen noch über *Snugs*: Séparées, die früher Frauen und Priestern vorbehalten waren, damit sie nicht in aller Öffentlichkeit trinken mußten. Die Snugs sind durch ein kleines Fenster mit der Theke verbunden. Die Türen zu diesen »Einzelsäuferkojen« – wie Heinrich Böll sie in seinem *Irischen Tagebuch* nennt – haben keine Klinken, sondern können nur über einen Hebel hinter der Theke geöffnet werden.

Die irische Bevölkerung drückt Alkoholikern gegenüber beide Augen zu. Trinken wird als angenehme Freizeitbeschäftigung angesehen und gilt als ausgesprochen männlich. Gefördert wird der übermäßige Alkoholgenuß durch das Rundensystem, bei dem der Schnellste den Zeitpunkt für die Bestellung einer neuen Runde bestimmt. Falls Sie sich im Pub also zu einem Getränk einladen lassen, sind Sie verpflichtet, sich zu revanchieren. Deutsche genießen in dieser Hinsicht einen schlechten Ruf: Sie gelten als langsam, wenn es um das Zücken der Geldbörse geht, und man sagt ihnen nach, daß sie sich den ganzen Abend an einem halben Glas Guinness festhalten können.

Die Getränke werden übrigens sofort nach Erhalt bezahlt. Nicht einmal ein Stammkunde kann anschreiben lassen. Das bewahrt die Zecher vor unliebsamen Überraschungen. Iren ist das System des Anschreibens unbegreiflich. Sie behaupten, es würde in einer Katastrophe enden, sollte es in Irland eingeführt werden. Denn zur Sperrstunde wüßte niemand mehr, wieviel er getrunken habe, und viele wären womöglich gar nicht mehr in der körperlichen Verfassung zu bezahlen.

Hermann von Pückler-Muskau stellte 1828 fest, die Iren seien »stets guter Dinge und zeigten zuweilen auf offener Straße Anwandlungen von Lustigkeit, die an

Verrücktheit grenzte. Gewöhnlich ist der Whisky daran schuld; so sah ich einen halbnackten Jüngling den Nationaltanz mit der größten Anstrengung auf dem Markte so lange tanzen, bis er gänzlich erschöpft, gleich einem muhammedanischen Derwisch, unter des Volkes Jubel bewußtlos hinfiel.«

Statistisch gesehen trinken die Iren 94 Liter Bier im Jahr – weniger als Deutsche, Dänen und Engländer. Ein Franzose trinkt soviel Wein wie 27 Iren zusammen, nämlich 75 Liter pro Jahr. Der statistisch gemäßigte Alkoholverbrauch liegt einerseits an der hohen Kinderzahl, die den Durchschnittsverbrauch drückt, und andererseits an den Temperenzlern: Die von dem katholischen Pfarrer Theobald Matthew 1838 gegründete Abstinenzlerbewegung zählt in Irland immerhin eine Viertelmillion Mitglieder. Pfarrer Matthew war als junger Mann von einem Priesterseminar relegiert worden, weil er auf seinem Zimmer Trinkgelage veranstaltet hatte. Der geläuterte Priester endete im Gefängnis. Die Organisation der Bewegung hatte ihn in Schulden gestürzt, und er konnte die Rechnungen für die Temperenzmedaillen nicht mehr bezahlen.

Guinness – auf Imagepflege bedacht – hat sich zwar nicht den Temperenzlern, aber der Kampagne für moderaten Alkoholkonsum angeschlossen. Bisher ohne sichtbaren Erfolg: Die Iren geben im Jahr 12,5 Prozent des Einkommens für alkoholische Getränke aus, wovon Guinness den Löwenanteil einstreicht; 47 Prozent des Biermarktes entfallen auf Stout. Im Gegenzug läßt sich die Guinness-Brauerei freilich nicht lumpen. Obgleich der Modernisierung und Rationalisierung in den Brauereien immer mehr Arbeitsplätze zum Opfer fallen, dürfen die Arbeitslosen in den Häusern des Dubliner Liberties-Viertels wohnen, die mit dem Geld der Guinness-Dynastie saniert wurden; sie können in Parks wie dem Dubliner »St. Stephen's Green« spazierengehen, die der Familienclan gestiftet hat; oder sie können kulturelle Veranstaltungen besuchen, die vom Bier-Multi gesponsert werden.

Der Dubliner Schriftsteller Oliver St. John Gogarty geriet bereits 1925 ob der Wohltätigkeiten des Konzerns in Verzückung: »Jedenfalls, dort unten liegt die große Brauerei, die mehr für Dublin getan hat als irgendeine seiner Institutionen. Was für eine wunderbare Verbindung Guinness schafft: Du kannst für bessere Wohnungen der Armen trinken, du kannst dich in St. Stephen's Green hineintrinken oder wenigstens in die Würdigung derjenigen, die der Stadt den Park gaben; du kannst dich sogar, wenn du willst, in Armut trinken und dich zum Gegenstand, wenn nicht gar zum Spender der Wohlfahrt machen.«

Bei Familie Murphy zu Hause

Der Pranger wurde in Irland vor langer Zeit abgeschafft. Statt dessen erfand man Zeitungen. Wer seither das Pech hat, wegen großer oder kleiner Delikte verurteilt zu werden, findet seinen Namen unweigerlich in der Presse wieder – komplett mit Adresse und Geburtsdatum. Die irischen Zeitungen haben dafür eine spezielle Kolumne geschaffen: die Gerichtsberichte. Und die Murphys sind, wie alle irischen Familien, begeisterte Zeitungsleser.

Mit etwa dreihundert verkauften Exemplaren pro tausend Einwohner liegen die Iren in der Statistik weit hinter dem klassischen Zeitungsland England, wo es 420 Zeitungen pro tausend sind. Dabei sollte man jedoch nicht übersehen, daß die irischen Familien größer und fast 30 Prozent der Einwohner unter 15 Jahre alt sind.

Viele Iren halten zusätzlich zur Morgenzeitung eine Abendzeitung. Es gibt fünf überregionale Tageszeitungen: die liberale *Irish Times* sowie die größte Tageszeitung, den *Irish Independent*, die *Irish Press* und die beiden Abendzeitungen *Evening Press* und *Evening Herald*. Alle legen den Schwerpunkt auf Inlandsberichte, während Nachrichten aus dem Rest der Welt auf kleinstem Raum abgehandelt werden.

Es ist geradezu ein Volkssport, die Gerichtsberichte

nach Verwandten, Bekannten, nach Verwandten von Bekannten und Bekannten von Verwandten abzusuchen. In einem kleinen Land mit weitverzweigten Familien stehen die Chancen recht gut, daß zumindest der Nachbar jemanden kennt, der mit der Cousine des Mannes verheiratet ist, der angetrunken um Mitternacht einen Linienbus in der Dubliner Innenstadt angepinkelt hat. Der Übeltäter wird folglich doppelt bestraft: Neben der Geldstrafe ist der Ruf auf unabsehbare Zeit ruiniert. Auf dem Land ist das Gedächtnis besonders lang, und noch die Nachfahren werden als »Enkel des Busbeschmutzers« unter der Missetat zu leiden haben.

Wehe dem, der berühmt ist, für ihn gibt es kein Entrinnen. Prominente werden gleich auf der Titelseite an den papiernen Pranger gestellt – wie der irische Supermarktkönig und treue Familienvater Ben Dunne, der in den USA in einem Hotel mit einer Prise Kokain und einer jungen Begleiterin ertappt wurde. In den heimatlichen Kneipendebatten hätte man ihm das Kokain ja noch verziehen...

Wenn auch der großen Mehrheit der Übeltäter die Titelseite erspart bleibt – dem wachsamen Volksauge entgehen sie trotzdem nicht. Bei den meisten Kleindelikten scheint Alkohol eine wichtige Rolle zu spielen. Ein gewisser Herr O'Callaghan aus einem winzigen Dorf in Nordwestirland hätte es sich vermutlich nicht träumen lassen, daß seine wüste Schimpfkanonade, mit der er während eines Dublin-Ausflugs den Wachmann einer amerikanischen Hamburgerkette bedachte, wortgetreu in der heimischen Lokalpresse wiedergegeben würde. Der Türhüter hatte den Genuß des gummiartigen Leckerbissens vereitelt, weil O'Callaghan sturzbetrunken war. Wer hätte gedacht, daß man beim Verzehr eines Hamburgers nüchtern sein muß? O'Callaghan wurde vom Gericht dazu verdonnert, sich sechs Monate lang anständig zu benehmen.

Das gleiche Urteil erging gegen eine Frau, die sich regelmäßig durch eine Hecke in den Nachbarsgarten geschlichen und die Nachbarin, die sie aus unbekannten Gründen nicht leiden konnte, erschreckt hatte. Überhaupt scheint sich in irischen Gärten einiges abzuspielen. Vor kurzem war ein Mann angeklagt, der »mit einem Küchenmesser ohne gesetzliche Genehmigung« im Nachbarsgarten erwischt wurde. Die Erklärung, er habe lediglich »den Garten in Ordnung bringen und ein paar wildwuchernde Zweige« absäbeln wollen, hielt der Richter für unglaubwürdig: Wer widmet sich schon mitten in der Nacht mit 2,3 Promille im Blut der Hortikultur?

Allgemeine Heiterkeit erregten hingegen zwei Jugendliche, die sich eines ungewöhnlichen Fluchtmittels bedienten. Nachdem sie am hellichten Tag in Dublin einen Laden überfallen hatten und vom Fleischer aus dem Nachbargeschäft mit einem Tranchiermesser verfolgt wurden, flüchteten sie auf einem Esel. Sie wurden geschnappt, weil das Grautier an der nächsten roten Ampel bockte.

All das erfährt Familie Murphy aus den Gerichtsberichten. Daneben sind die Todesanzeigen die meistgelesenen Seiten – aus ähnlichen Gründen: Vielleicht entdeckt man ja jemanden, den man kannte. Für briefliche Benachrichtigung über einen Todesfall bleibt keine Zeit, denn die Beerdigung findet oft am nächsten, spätestens jedoch am übernächsten Tag statt. Wer in Irland stirbt, kommt schnurstracks in den Himmel – es sei denn, der Tote war Atheist oder, schlimmer, Protestant. Den Heimgang eines frommen Katholiken hohen Alters begeht man mit einer Totenfeier, bei der ausgiebig getafelt, reichlich gezecht und manchmal auch gesungen wird. Wie zu Hochzeiten kommt der gesamte Familienclan zusammen – und nicht nur der: Es gibt Leute, die jeden Morgen die Todesanzeigen in der Tagespresse studieren und sich die lukrativsten Begräbnisse vormerken, um ein kostenloses Essen samt Vollrausch abzustauben. Die Standardantwort auf die vorsichtige Frage nach dem Verhältnis zum Verstorbenen lautet: »Ein Freund der Leiche.« Wer wollte ihnen das Gegenteil beweisen?

Das Foto des teuren Verblichenen bekommt einen Platz auf dem Kaminsims im Wohnzimmer. Ein Kaminsims ist ein heiliger Ort. Ihn zieren keineswegs nur die Familienfotos, er läßt auch tiefe Einblicke in die Persönlichkeit des Kaminbesitzers zu, behauptete der englische Filmemacher Nicholas Barker. Er kam auf die Idee, Prominente in einer Serie von Talk-Shows über ihren Kaminsims auszufragen – den »Reliquienschrein im Herzen jedes Hauses«, wie Barker das Psychoregal bezeichnete. Die auserwählten Opfer sahen das wohl genauso und lehnten allesamt ab.

Doch nicht allein der Kaminsims, das ganze Wohnzimmer ist ein heiliger Ort. Im Alltag hält sich Familie Murphy in der Wohnküche auf. Das Wohnzimmer, in dem die Murphys ihr Porzellan aufbewahren, bleibt besonderen Anlässen vorbehalten: neben Totenfeiern auch Weihnachten oder wenn die Verwandtschaft aus den USA zu Besuch kommt oder der Gemeindepfarrer zu Tee und Gebäck anrückt – natürlich auch, wenn es um die Begutachtung der Schwiegersohnkandidaten geht. »Da ich drei ältere Schwestern habe, lud meine Mutter, die aus einem kleinen Dorf südwestlich von Dublin stammt, jeden Dienstag ein paar junge Männer zum Kartenspielen ein«, erzählte eine Bekannte. »Sie kamen ausnahmslos aus ihrem Heimatdorf, studierten oder arbeiteten in Dublin; meine Mutter kannte ihre Familien. Es wurde um Geld gespielt, aber nur um kleine Beträge. Der eigentliche Sinn der Kartenrunde war es, daß sich die Jungs und meine Schwestern näherkommen sollten – allerdings nicht zu nah. Darüber wachte meine Mutter mit Argusaugen. Ich war zehn, als ich zum ersten Mal beim Zocken zusehen durfte. Solange ich mich unauffällig verhielt, durfte ich den Spielern über die Schulter schauen.«

Bridge gilt bei vielen irischen Familien als vornehmes englisches Spiel und ist deshalb verpönt. Statt dessen wird manchmal Whist, meistens aber Twenty-five gespielt, weil daran bis zu sieben Personen teilnehmen können. Die Regeln sind ziemlich kompliziert: Jeder erhält fünf Karten, der Rest kommt in die Mitte. Die Farbe der obersten Karte im Stapel ist Trumpf. Der höchste Trumpf ist die Fünf, dann der Bube, Herz-As, Trumpf-As und so fort. Während bei den roten Karten die Werte von der Zehn bis zur Zwei abwärts gezählt werden, ist es bei den schwarzen umgekehrt.

»Nach zwei Stunden gab es immer eine Pause«, erzählte die Bekannte. »Während ich schlafengehen mußte, servierte meine Mutter Tee und belegte Brote. Danach wurde weitergespielt. Ob der Abend erfolgreich verlaufen war, merkte ich ein paar Tage später, wenn sich meine Schwestern zum Ausgehen fertig machten. Das bedeutete nämlich, daß die jungen Männer sie ins Kino oder zu einem anderen harmlosen Vergnügen eingeladen hatten. Es dauerte Jahre, bis ich in der Kartenhierarchie eine Stufe aufrückte: Ich durfte zum ersten Mal die Karten mischen und austeilen. Wiederum viel später ließ mich mein Vater seine Karten halten, während er bestimmte, was gelegt wurde. Ein weiterer wichtiger Schritt war es, als er mich schließlich fragte, welche Karte ich ausspielen würde. Und dann kam der Tag, an dem ich endlich mitspielen durfte – wenn auch nur für eine Runde. Mein Vater ging zur Toilette und bat mich, für ihn einzuspringen. Ich war inzwischen 15 Jahre alt. Es war ein Gefühl wie bei der Erstkommunion. Ein neuer Lebensabschnitt hatte begonnen, man gehörte nun fast zu den Erwachsenen. Freilich zitterten die Hände aus Angst, einen Fehler zu machen, weil man dann umgehend wieder zum Zuschauen verdammt gewesen wäre. «

Das Wohnzimmer ist traditionell ein Statussymbol. Wenn es auch selten benutzt wird, gießt Frau Murphy dennoch gewissenhaft die unvermeidlichen fleißigen Lieschen und – man weiß ja nie – wischt regelmäßig Staub. Ein irisches Sprichwort aus der Zeit, als die Häuser noch mit Lehmböden ausgestattet waren, besagt, daß der Mensch zu seinem Glück nur einen Priester in der Familie und einen Steinfußboden im Wohnzimmer brauche. Wenn Sie also in Ihrem Urlaub mit Iren Bekanntschaft schließen, von ihnen ins Haus eingeladen und dann im Wohnzimmer bewirtet werden, so ist das eine Ehre, deren Sie sich bewußt sein sollten. Der irische Knigge unterscheidet sich kaum von mitteleuropäischen Benimmregeln. Überreichen Sie die Blumen, die Sie Frau Murphy mitgebracht haben, jedoch im Papier.

Die Bemerkungen über Wohnzimmer und Kaminsims gelten hauptsächlich für die Murphys der älteren Generation. Bei jüngeren Leuten ist das Wohnzimmer nicht tabu. Einladungen nach Hause sind aber ebenfalls selten. Man trifft sich in der Kneipe, wo man leicht Bekanntschaften schließen kann. Die Iren sind im allgemeinen freundlicher und Fremden gegenüber viel aufgeschlossener als die meisten anderen Europäer.

Im Dorfpub wird man Sie mit Sicherheit fragen, wo Sie herkommen und wie Ihnen Irland gefällt. Das ist aber nicht der Augenblick, wo Sie Ihrem Gesprächspartner haarklein Ihre Kritik an den irischen Trinkgewohnheiten oder den Rücksichtslosigkeiten der irischen Autofahrer auseinandersetzen. Es genügt, wenn Sie sagen: »Irland ist wunderbar.« Im ungünstigen Fall fühlt sich Ihr Gesprächspartner dann bemüßigt, Ihnen aufzuzählen, was seiner Meinung nach mit der Welt im allgemeinen und seinem Land im besonderen nicht stimmt. Wenn Sie Glück haben, stellt er Ihnen vielleicht einen Pint Guinness hin, was Sie, wie Sie bereits wissen, zum Kauf der nächsten Runde verpflichtet.

Bei aller Freundlichkeit und Fröhlichkeit der Iren ist es weitaus schwerer, Freundschaften zu schließen, die über eine oberflächliche Kneipenbekanntschaft hinausgehen. Und man wird Sie mitnichten überschwenglich begrüßen, wenn Sie im nächsten Sommer wieder an denselben Ort zurückkehren und dieselben Menschen im Pub treffen, mit denen Sie ein Jahr zuvor einen wunderbaren Abend verbracht haben. *How is it going*, ist alles, was Sie erwarten können. Lassen Sie sich deshalb nach einem fröhlichen Abend nicht dazu hinreißen, Ihre neuen Bekannten zu umarmen. Die irischen Männer mögen es ganz und gar nicht, in der Öffentlichkeit von anderen Männern umarmt zu werden. Und Händeschütteln ist nur angebracht, wenn Sie Ihrem Gesprächspartner zum ersten Mal vorgestellt werden. Fortan reicht ein einfaches *Hello*.

Sollten Sie einmal zum Abendessen oder zu einer Party ins private Heim eingeladen werden, erwartet man von Ihnen, daß Sie zumindest Ihre eigenen Getränke mitbringen. Erstens sind Alkoholika aufgrund der hohen Steuer ein ziemlicher Luxus, und zweitens ist es fast eine Glaubensfrage, was man trinkt. Um niemanden zu enttäuschen, müßten die Murphys sich eine umfangreiche Hausbar zulegen, was sie höchstens zu Weihnachten oder anläßlich ganz bestimmter, überschaubarer Festlichkeiten tun.

Übrigens leben 95 Prozent der Iren in einem Einfamilienhaus – das ist absoluter Rekord in Europa. Achtzig Prozent sind sogar Eigentümer. Das heißt nicht, daß die Iren besonders seßhaft sind. Sie ziehen ebenso häufig um, wie die Menschen in anderen Ländern ihre Mietwohnungen wechseln. In Irland ist das allerdings viel aufwendiger, weil Hausverkauf und Neukauf koordiniert, Rechtsanwälte und Makler eingeschaltet sowie Gebühren für Grundbucheintragung und Überbrückungsdarlehen entrichtet werden müssen. Und wenn der Käufer im letzten Moment abspringt, geht alles wieder von vorne los. Es wäre aber falsch, wollte man von dem hohen Prozentsatz an Hauseigentümern darauf schließen, daß die Iren besonders wohlhabend sind. Die Häuser sind im allgemeinen einfacher und billiger gebaut als in Mitteleuropa. Es gibt nur wenige Mietwohnungen und lediglich eine Hochhaussiedlung in Dublin. Kaum mehr als die Hälfte aller Iren, 57 Prozent, sind Stadtmenschen – in Europa hat allein Portugal noch mehr Landbewohner.

Die Vorstellung, die Iren lebten auf dem Land allesamt in strohgedeckten Hütten, ist irrig. Natürlich gibt es noch die *Cottages*, die in keinem Irland-Bildband fehlen, aber als malerisch stufen sie hauptsächlich Touristen ein. Sean O'Connaill, der bereits erwähnte Geschichtenerzähler, lebte in einem solchen Cottage. Ein Zeitgenosse beschrieb 1923 O'Connaills Hütte, wie sie damals typisch für das ländliche Irland war: »Er lebte in einem strohgedeckten Haus mit zwei Zimmern. Ein Zimmer diente als Küche, wo die Hausarbeit gemacht wurde, und ein Schlafzimmer. Über dem Schlafzimmer befand sich ein Dachboden mit einem weiteren Bett, Angelzeug, einem Spinnrad und verschiedenen Utensilien eines alten Bauernhauses. In der Küche brannte ein Torffeuer. An beiden Seiten des Feuers gab es einen Sitz aus Stein, von wo aus man durch den rußgeschwärzten Kamin die Sterne am Himmel funkeln sehen konnte. Rechts vom Feuer stand ein blankgefegter Holztisch und in der Ecke ein Salzsack, um Fische einzusalzen, und die Hühner hüpften über die Halbtür herein. Vom Eingang blickte man genau aufs Meer, und das entfernte Rauschen der Wellen kroch in die Küche und war die ständige Begleitmusik für seine Geschichten.«

Als Toilette diente O'Connaill vermutlich ein Busch hinter dem Haus. Heute haben 90 Prozent der Iren eine

Toilette mit Wasserspülung, 82 Prozent besitzen eine Badewanne oder Dusche. Als man Anfang des Jahrhunderts zaghaft begann, die Häuser mit Innenklos zu versehen, gab es einen Aufschrei des Ekels ob dieser Ferkelei. Die Vorfahren der Murphys wollten keine stinkende Kloake unter ihrem Dach haben, wenn eine Steinmauer am Ende des Gartens es genauso tat. Diese Einstellung hat sich offenbar bis heute hartnäckig gehalten.

Wen in Irland unterwegs ein dringendes Bedürfnis nach einer Toilette überkommt, der hat schlechte Karten. Öffentliche Bedürfnisanstalten – von denen es allenfalls eine Handvoll gibt – und Kneipenklos sind meist in einem solch verheerenden Zustand, daß man sie nur im allergrößten Notfall aufsuchen sollte. Wie auch in anderen Ländern üblich, gilt das noch verstärkt für die Männerklos, die oft knöcheltief überschwemmt sind. Die einzige Maßnahme des zuständigen Reinigungspersonals besteht darin, ein Kilo Pinkelsteine in den Raum zu werfen, so daß die chemische Keule dem Benutzer die Tränen in die Augen treibt. Aber auch bei Familie Murphy erfährt das Örtchen wenig Aufmerksamkeit. Die häusliche Toilette ist aufs spartanischste eingerichtet und zudem oft zugig, so daß sich dort niemand eine Minute länger als unbedingt notwendig aufhalten möchte.

Um die Badezimmer ist es keinen Deut besser bestellt. Das heiße Wasser kommt in Irland aus einem großen Kupferboiler, der in einem Schrank mit mehreren Lattenrosten untergebracht ist. Diese *Hot Press* dient zugleich als Wäschetrockner. Wer ein Bad nehmen möchte, braucht Geduld, denn es dauert eine halbe

Stunde, bis das Wasser heiß ist. In vielen Häusern ist der Boiler an eine Zeitschaltuhr angeschlossen, damit man sich morgens warm waschen kann.

Wenn Sie einmal in einer irischen Badewanne gelegen haben, sind Sie vielleicht zu der Überzeugung gelangt, daß die Iren das Badezimmer für den überflüssigsten Raum im Haus halten: Die Badewannen sind so winzig, daß man es darin kaum länger als eine Viertelstunde aushält. Das sei Absicht, sagt der Journalist John O'Carroll: »Meine Mutter hat mich früher immer aus dem Badezimmer gescheucht, wenn sie meinte, daß ich lange genug darin zugebracht hatte.« Er macht die katholische Kirche dafür verantwortlich, daß viele Iren mit der Körperpflege auf Kriegsfuß stehen. »Der Körper ist tabu, auch wenn es dein eigener ist«, sagt er. »Wenn es in der Wanne zu gemütlich wird, oder wenn man sich zu intensiv wäscht, könnte man auf dumme Gedanken kommen. Und das führt, wie uns die Pfarrer in der Schule glaubwürdig versichert haben, unweigerlich zur Blindheit.«

Wo bitte liegt »An Lar«?

Wenn Sie in Irland öffentliche Verkehrsmittel benutzen, werden Sie sich wundern, wie viele Busse nach »An Lár« fahren. Dennoch spricht kein Mensch von diesem Ort – er ist nicht einmal auf Ihrer Landkarte oder in Ihrem Stadtplan verzeichnet. *An Lár* ist nämlich das irische Wort für »Stadtzentrum«. Und Irisch ist laut Verfassung von 1937 erste Landessprache – die englische Sprache wird als zweite offizielle Sprache anerkannt. Die Realität steht in krassem Gegensatz zu diesem Wunschdenken, auch wenn manche mit bewundernswertem Einsatz für den Erhalt der irischen Sprache eintreten.

Als der irische Schriftsteller Colm Tóibín gegenüber seinem englischen Verleger darauf bestand, die Akzente auf seinem Nachnamen in die Druckfahnen einzufügen, wurde ihm Pedanterie vorgeworfen. Tóibín erinnerte jedoch daran, daß die Iren seit Jahrhunderten für das Recht auf ihre Sprache kämpfen mußten. Der Kampf scheint inzwischen verloren. Britische Kolonialpolitik und wirtschaftliche Entwicklungen haben dafür gesorgt, daß das irische Gälisch immer weiter zurückgedrängt wird. In zwei, drei Generationen wird Irisch nicht mehr als Muttersprache, sondern nur noch als Fremdsprache existieren, die mühsam erlernt werden muß – trotz gegenteiliger Bemühungen der Dubliner Regierung.

Wenn Sie es ganz genau wissen wollen: Eine detaillierte wissenschaftliche Untersuchung über die Entwicklung und den Niedergang der irischen Sprache, eine geographisch unterteilte Bestandsaufnahme sowie Vergleiche mit anderen Minderheitensprachen in Europa, darunter Sorbisch, enthält das 1990 in London erschienene Buch von Reg Hindley: *The Death Of The Irish Language*. Aber vielleicht reicht Ihnen ja der folgende Überblick.

Irisch gehört zu den keltischen Sprachen, die eine Untergruppe des Indogermanischen sind. Es ist eng verwandt mit dem schottischen Gälisch: Irische Eroberer hatten die Sprache im fünften Jahrhundert zunächst nach Südwestschottland »exportiert«, und es dauerte fast tausend Jahre, bis das Schottische eine eigenständige Form annahm. Erste schriftliche Dokumente in irischer Sprache entstanden im achten Jahrhundert. Das irische Alphabet kommt mit 18 Buchstaben aus. Es ist jedoch nicht keltischen Ursprungs, sondern wurde im fünften und sechsten Jahrhundert von christlichen Missionaren eingeführt. Die vorherrschende Schreibweise war damals das lateinische Alphabet mit einigen Abwandlungen aus dem Griechischen.

Bis zum 16. Jahrhundert konnte sich die irische Sprache relativ ungehindert entwickeln. Erst Heinrich VIII. und seine Nachfolger versuchten, ihre aufsässigen irischen Untertanen zu befrieden, indem sie ihnen englische Gesetze und die englische Sprache aufzwangen. Viele irische Handschriften wurden vernichtet, Dichter und Gelehrte wurden eingesperrt oder erhängt. Nach der endgültigen Niederlage der rebellischen irischen Fürsten Anfang des 17. Jahrhunderts brach das gälische

Gesellschaftssystem zusammen – und damit auch die Kultur, die von der alten irischen Aristokratie gefördert worden war. Hinzu kamen wirtschaftliche Aspekte: Das englische Parlament verabschiedete 1699 ein Ausfuhrverbot für irische Wollerzeugnisse, um die einheimischen Wollmanufakturen zu schützen. Zum Ausgleich erklärte sich das Parlament bereit, die irische Leinenmanufaktur zu unterstützen, da sie keine englischen Handelsinteressen berührte. In der ersten Hälfte des 18. Jahrhunderts entwickelte sich der irische Handel mit Nahrungsmitteln stetig, während die Wollexporte nach Frankreich heimlich weitergingen, wenn auch in geringerem Umfang.

Als 1759 die englischen Einfuhrbeschränkungen für irisches Vieh aufgehoben wurden, nahm der Handel einen rapiden Aufschwung. Die Bevölkerung in den Städten wuchs, neue Straßen wurden gebaut, und der Wert des ländlichen Eigentums stieg. Von diesem neuen Reichtum profitierten vor allem die Kaufleute und Gutsbesitzer. Um auf den lukrativen ausländischen Märkten – vor allem in Großbritannien – bestehen zu können, mußte man die englische Sprache beherrschen. Für die Auswanderer, deren Zahl im 19. Jahrhundert dramatisch anstieg, waren englische Sprachkenntnisse geradezu überlebenswichtig, da sie sonst von den US-amerikanischen Einwanderungsbehörden abgewiesen wurden. Zu den Notwendigkeiten trat ein Gefühl der Rückständigkeit, das sich unter den Irischsprachigen ausbreitete und das der neue irisch-katholische Mittelstand kräftig förderte.

Die Londoner Regierung gab der Sprache dann den Rest. Nach der großen Hungersnot Mitte des 19. Jahrhunderts war es verboten, in der Schule irisch zu sprechen. Die Kinder mußten einen Holzstock um den Hals tragen, in den für jedes irische Wort, das sie sagten, eine Kerbe eingeritzt wurde. War am Ende der Woche eine bestimmte Anzahl Kerben überschritten, wurden die Eltern des Kindes mit Lohnabzügen bestraft.

Im 1922 gegründeten Freistaat nahm sich die Regierung der Förderung der Sprache an. Irisch wurde nun in den Schulen unterrichtet, und in den dreißiger Jahren wurden »Gaeltachts« – Gemeinden mit ausschließlich Irisch sprechender Bevölkerung – ins Leben gerufen. Zahlreiche Vergünstigungen sollen bis in die Gegenwart die Ansiedlung in den Gaeltachts schmackhaft machen – etwa Steuererleichterungen und Zuschüsse beim Hausbau. Bedingung ist, daß Irisch als Umgangssprache gepflegt wird.

Sogar in Dublin wurden Häuserkomplexe für Irisch sprechende Bewohner eingerichtet. Inzwischen gibt es in der Hauptstadt 45 Vorschulen, 19 Grundschulen und sechs Oberschulen, in denen Irisch nicht nur Unterrichtsfach, sondern alleinige Unterrichtssprache ist. Dennoch ist der Erfolg der Gaeltachts begrenzt, da die Gemeinden von einer englischsprachigen Bevölkerung umgeben sind und zunehmend in Isolation geraten. Heute leben weniger als 10000 Menschen in den drei größten Gaeltachts an der irischen Westküste.

Der Dubliner Regierung ist der Vorwurf nicht zu ersparen, keineswegs alles für die Erhaltung der Sprache getan zu haben. Zwar verfügt ein Gesetz, daß jeder Beamte Irisch können muß, und behördliche Formulare und Straßenschilder sind zweisprachig, aber beim Beitritt zur Europäischen Gemeinschaft 1973 verzichtete

— *131* —

die Regierung darauf, Irisch als eine offizielle EG-Sprache anerkennen zu lassen. Im staatlichen Rundfunk und Fernsehen machen Sendungen in irischer Sprache weniger als ein Prozent aus.

Und das umfangreiche Wörterbuch, das der Verlag An Gúm, der dem Bildungsministerium untersteht, Anfang der neunziger Jahre endlich veröffentlicht hat, glänzt vor allem durch Auslassungen. Dabei sollte es sich laut Presseankündigung vor allem an Teenager richten und auch moderne Worte sowie komplizierte technische Begriffe enthalten. Um andere, in Irland ebenfalls komplizierte Bereiche, macht das Buch jedoch einen Bogen. So kommen weder Penis (*bod*) noch Vagina (*faighin*) oder Vulva (*pit*) vor. Wo es keinen Penis gibt, hat natürlich auch ein Kondom (*coiscin*) nichts zu suchen. Überraschend taucht dann allerdings »Sex« auf: *Gneas*. Das merken aber nur Eingeweihte, da der Autor eine fast poetische Definition ersonnen hat: »Das Maskuline und das Feminine in Mensch und Tier sowie jede Aktivität oder Qualität, die in diesem Zusammenhang erwähnt wird.« Was soll man sich darunter vorstellen? Eiskunstlaufen?

Ein irischer Politiker sagte einmal, daß es bis zum Anbruch des Fernsehzeitalters auf der Grünen Insel keinen Sex gab. Die Verantwortlichen für das Wörterbuch wollen offenbar den Eindruck vermitteln, daß Sex erst mit der englischen Sprache über Irland hereinbrach. Das ist um so bedauerlicher, als man dadurch das Ende des Irischen als Umgangssprache beschleunigt. Experten behaupten, man könne sich im Irischen nuancenreicher und bildhafter ausdrücken als in den meisten anderen Sprachen.

Die Zahl derjenigen, die Irisch als »Fremdsprache« erlernen, hat in letzter Zeit erfreulicherweise etwas zugenommen. In vielen Landesteilen werden Erwachsenenkurse angeboten. In den katholischen Vierteln Nordirlands schießen die privaten Bildungskurse wie Pilze aus dem Boden. Die Sprache ist hier ein Mittel des Protests gegen die britische Besatzung. Ähnlich sieht es offenbar die britische Regierung. Im Herbst 1990 wurden der Belfaster Gruppe »Glór na nGael«, die auch dem protestantischen Bevölkerungsteil Irisch näherbringen will, sämtliche öffentlichen Gelder gestrichen, weil sie angeblich die Ziele paramilitärischer Organisationen unterstütze. Erst nach lautstarken Protesten und langwierigen Verhandlungen wurde »Glór na nGael« wieder gefördert. Die Londoner Regierung war überaus mißtrauisch, weil auch die IRA-Mitglieder in den Gefängnissen Nordirlands fleißig Irisch büffeln. Das hat einen praktischen Grund: Die meist protestantischen Gefängniswärter verstehen die Sprache nicht.

Als Umgangssprache ist das irische Gälisch vor dem Aussterben trotzdem kaum zu retten. Übrig bleiben werden die wunderschönen zweisprachigen Ortshinweise, die in den Gaeltachts vor allem Touristen oft vor Probleme stellen: Aus Protest gegen die stiefmütterliche Behandlung, die die Dubliner Regierung der irischen Sprache zuteil werden läßt, übermalen die Einheimischen häufig die englischen Ortsnamen oder drehen die Schilder in die falsche Richtung, so daß Ortsunkundige im Kreis herumirren. Überleben werden auch die irischen Toilettenbezeichnungen, die schon so manchen Fremden in eine peinliche Situation gebracht haben. Wer nämlich unter Zeitnot vor den Toilettentüren blitzschnell kombiniert, daß *Fir* Frau und *Mna* Mann heißt, geht unweigerlich durch die falsche Tür.

Zu Ihrer Beruhigung: Mit rudimentären Englischkenntnissen kommen Sie in Irland normalerweise gut über die Runden. Das heißt aber nicht, daß das irische Englisch keine Tücken aufweist. George Bernard Shaw hat einmal behauptet, in Dublin werde das beste Englisch der Welt gesprochen. Von diesem Ruf zehren Dutzende Sprachschulen in der irischen Hauptstadt. Er trifft jedoch höchstens auf »Dublin 4« zu, jenen vornehmen Stadtteil, dessen Bewohner allgemein als hochnäsige Schickeria angesehen werden. Im übrigen Dublin wird ein Dialekt gesprochen, der sich deutlich vom »Oxford English« unterscheidet.

Abgesehen von der Geschicklichkeit, ganze Sätze zu formulieren, ohne den Mund dabei sonderlich zu bewegen, gibt es einige Eigenarten des Dubliner Dialekts, die Anlaß zu Mißverständnissen geben könnten – zum Beispiel die eigentlich nicht vorgesehenen Füllbuchstaben: So ist ein *fillem* nichts anderes als ein Film. Und der Unterschied zwischen *th* und *t* besteht beim Dublin-Englisch nur auf dem Papier. Wenn ein Dubliner also *tree slices of cake* bestellt, meint er damit noch lange keinen Baumkuchen. Gerne verwechseln die Hauptstädter auch Präteritum und Perfekt: *I seen it.*

Bei der Landbevölkerung heißen die Dubliner »Jackeens«, was gewiß nicht allzu freundlich gemeint ist, sondern eher das Großspurige der Städter aufs Korn nimmt. Umgekehrt sprechen Dubliner geringschätzig von »Culchies«, wenn sie einen Hinterwäldler meinen – und das sind in ihren Augen alle Iren, die nicht in Dublin leben. Das Spottwort kommt von Kiltimagh, einem Dorf in Mayo, wo sich Fuchs und Hase gute Nacht sagen. Dabei waren viele Dubliner Familien vor ein oder zwei Generationen selbst noch Culchies.

Um die Sache für Besucher noch zu komplizieren, sprechen die Culchies keineswegs dieselbe Sprache. Es gibt fast so viele Dialekte, wie es Orte gibt. Manche werden Sie leichter verstehen als andere. Es dauert Jahre, bis man die einzelnen Dialekte richtig zuordnen kann.

Im Norden klingt das Englisch hart und guttural und erinnert an den schottischen Dialekt. Die Endung *ow* wird wie *oi* ausgesprochen: *It is noi ten o'clock*. Im Westen ist die Sprache weicher, und viele Silben werden verschluckt. Während die Menschen in Cork die Stimme am Satzende heben, was sich manchmal wie ein Singsang anhört, ist der Dialekt der Midlands eher monoton. Dort wird das *t* am Ende eines Wortes oft wie ein *h* gesprochen: *What's thah?* Und wenn Sie gar nichts mehr verstehen, sind Sie vermutlich in der Grafschaft Kerry im Südwesten. Neben zahlreichen anderen linguistischen Eigenheiten wird das *s* am Anfang eines Wortes meist wie ein deutsches *sch* gesprochen. *He is always schtuck with his schtjupitt nose in those schtjupitt books*, klagte eine Bekannte über ihren Mann, der »seine dumme Nase immer in diese dummen Bücher steckt«.

Soweit dieser sehr vereinfachte Leitfaden. Das irische Englisch, das *Brogue* genannt wird, hat trotz der regionalen Unterschiede viele Gemeinsamkeiten. Im Brogue sind drei Einflüsse miteinander verschmolzen: das irische Gälisch, das alte Englisch und Schottisch, das mit den Kolonialherren nach Irland kam, sowie unabhängige Entwicklungen, wie sie bei allen Dialekten eine Rolle spielen. Es wimmelt geradezu von veralteten, falsch verwendeten und irischen Ausdrücken. Die Konstruktion von *do* mit *be* ist solch ein Beispiel: *What do you be thinking?*

Gleichzeitig ist das irische Englisch blumiger als das Original und reicher an Metaphern, die aus dem Irischen ins Englische hinübergebracht wurden. *There are more ways of killing a dog than by choking him with butter*, sagt jemand, der hinter einer harmlos scheinenden Sache ein faules Ding vermutet. Und die deutsche Alltagsweisheit »Schweigen ist Gold« heißt in Irland bildhafter: *A shut mouth catches no flies.*

Das Brogue ist reich an Übertreibungen. *They kept me dancing until I hadn't a leg to put under me*, erzählte mir ein Bekannter. Nach dem Tanzen war er *in bits*. Ein besonders geschwätziger Mensch kann einem Sägeblatt die Zähne abschwatzen: *That man would talk the teeth out of a saw.* Und ein Schwächling kann nicht mal die Haut von einem Reispudding abziehen: *He couldn't pull the skin off a rice pudding.*

Aus dem Irischen entlehnt ist die verkleinernde Endung *-een*. Wenn Sie beispielsweise einen Teller *to smithereens* zerschlagen, sind davon nur noch winzige Stücke übrig. Ebenfalls aus dem Irischen stammt die Formulierung *on me* – zum Beispiel: *He died on me.* Das bedeutet etwa: »Er ist mir weggestorben.« Beschwört ein Ire Sie, ihm das nicht anzutun, sagt er: *Don't do that on me.* Ist er gerade aufgewacht, so heißt es: *I am after having a sleep.* Für englische Ohren ungewöhnlich klingt auch der Satz: *I happened to be walking by myself.* Engländer benutzen *myself* nicht in dieser Form. Außerdem würden sie nie *will* und *shall* verwechseln. *Will I go and get the newspapers?*

Gerne erklären die Iren etwas durch Negation: *That rain did me no good*, sagte unser Nachbar. Er hatte sich nämlich eine Erkältung geholt. Kommt er zu spät aus dem Pub nach Hause, muß er mit einem *ballyhooly* seiner Frau rechnen. Ballyhooly ist ein Dorf in Cork, das früher wegen der vielen Raufereien berüchtigt war. Der »Teufel« steckt in vielen irischen Redewendungen. Manchmal umschreibt man ihn mit *Old Nick* oder *Old Boy* – besonders, wer abergläubisch ist und den *devil* nicht beim Namen nennen möchte. Wünscht Ihnen aber jemand, daß der Teufel Sie segnen möge, können Sie davon ausgehen, daß die Person Ihnen alles andere als wohlgesonnen ist. Eine Dubliner Mutter hingegen, die von ihrem Kind sagt, es sei ein *devil*, verlangt damit nicht gleich nach einem Exorzisten. Vermutlich hat das Kind gerade etwas Harmloses angestellt.

Bemerkenswert ist die irische Kunst des Fluchens. Patrick Weston Joyce schrieb im Jahr 1910: »Während sie sich beim Fluchen innerhalb sicherer Grenzen bewegen, muß dennoch zugegeben werden, daß viele Menschen eine geheime Bewunderung – die im stillen lauert und selten in Worte gefaßt wird – für einen guten, ausgewogenen Fluch hegen, solange er nicht durch Gottlosigkeit schockiert.« Die Zeiten haben sich geändert. Heute sind viele Schimpfwörter und Verwünschungen aus der Sexualsphäre entliehen.

Die vielseitige Verwendungsmöglichkeit des Wörtchens *fuck* bricht auf diesem Sektor alle Rekorde. Man kann praktisch alles damit umschreiben. Meist erschließt sich die tiefere Bedeutung erst aus der Betonung. *It's fucking late* kann heißen, daß es schon ziemlich spät sei. Aggressiver betont, bedeutet es, daß man sich

—— *137* ——

gefälligst beeilen soll, weil es schon verdammt spät sei. Manche Iren scheinen ihren Adjektiv-Wortschatz weitgehend auf *fucking* zu beschränken, mit dem dann jedes Substantiv verziert wird. Sehr gut macht es sich auch als Einschub: *Senti-fucking-mental.*

In der Gegenwart von Pfarrern und Nonnen versucht man, sich zusammenzureißen. Rutscht das böse Wort dennoch heraus, so ist das kein Beinbruch: Die Geistlichen sehen stillschweigend darüber hinweg, solange nicht die ursprüngliche Wortbedeutung gemeint ist. Versuchen Sie nicht, Ihre einheimischen Gesprächspartner mit Ihren Fluchkenntnissen zu beeindrucken, es sei denn, Ihr Englisch ist nahezu perfekt. Ein radebrechender Tourist, der seine Sätze ständig mit *fucking* garniert, wirkt eher lächerlich.

Wie reden Sie Ihren Gesprächspartner an, mit dem Sie gerade erst ins Gespräch kommen? Sie können natürlich »Mister Murphy« oder »Missus O'Leary« sagen, doch Ihr Gegenüber wird Sie wahrscheinlich mit dem Vornamen anreden – sei es im Pub, am Bankschalter oder bei einer Behörde. Das ist einfacher, selbst wenn Sie nicht Przybilski heißen.

Als ich bei der Dubliner Ausländerbehörde meine Aufenthaltsgenehmigung verlängern lassen wollte, versicherte mir der Beamte, daß ich in wenigen Minuten abgefertigt würde: *I won't be a minute, my friend.* Nach einer halben Stunde war ich bereits zu seinem *dear friend* geworden, und als er nach einer weiteren halben Stunde schließlich meinen Paß begutachtete, reagierte er, als ob ich sein verschollener Halbbruder wäre: *Ralf, my dearest friend.* Natürlich bekam ich den gewünschten Stempel, doch zuvor mußte ich ihm genau berichten, was ich in

Irland machte. Dabei gelang es ihm mühelos, den Eindruck zu erwecken, als wolle er das aus rein persönlichem Interesse wissen.

Die Gemüsehändlerin in der Dubliner Moore Street wiederum wird Sie mit *Love* anreden: *Five apples for a pound, love*. Dabei spielt es keine Rolle, ob Sie ein Mann oder eine Frau sind. Wenn Männer diese Anrede dagegen Frauen gegenüber verwenden, ist es meist gönnerhaft gemeint und stößt bei den Betroffenen zunehmend auf Widerspruch.

Spricht ein Ire von seiner Ehefrau, nennt er weder ihren Vornamen, noch sagt er *my wife*, sondern *the missus* – für ihn gibt es ja nur die eine. *Miss* ist mittlerweile fast ausgestorben. Statt dessen heißt es neutral *Ms*, was mit weichem *s* gesprochen wird. Die aufgeklärte Mittelschicht sagt *Partner* oder – ganz vornehm – *my significant other*, wenn der Gatte oder die Gattin gemeint ist, um unverheiratete Paare nicht zu diskriminieren.

Soweit der kurze Knigge. Die Hoffnung, in Irland auf deutschsprechende Einheimische zu treffen, wird sich höchst selten erfüllen, obwohl in den Schulen seit Vollendung des europäischen Binnenmarktes verstärkt Deutsch und Französisch unterrichtet werden, weil man das für ein probates Mittel gegen die Arbeitslosigkeit hält. Wie an anderer Stelle beschrieben, gehört Auswanderung seit mehr als einem Jahrhundert zum irischen Alltag. Doch die »klassischen« Ziele der Auswanderer, englischsprachige Länder wie Kanada, die USA und Australien, haben die Einwanderungsbestimmungen verschärft. Und Großbritannien hat selbst ein Problem mit der Arbeitslosigkeit. Da die Iren grenzenloses Vertrauen in die deutsche Wirtschaft haben, sind deutsche

Sprachkurse gut besucht. Für eine Unterhaltung reicht es dennoch selten. Selbst Eigennamen werden meist verhunzt. Oder hätten Sie vermutet, daß sich hinter »Lohenbroh« ein bekanntes Münchner Bier verbirgt?

Verblüffend korrekt können die meisten Iren dagegen »Heil Hitler« aussprechen. Die Zeiten, da deutschen Touristen der faschistische Gruß in irischen Pubs entgegengeschmettert wurde, liegen noch gar nicht lange zurück. Die dumpfe Begrüßung war durchaus freundlich gemeint: Wer gegen England gekämpft hat, kann nicht von Grund auf schlecht gewesen sein. Die Berichte über rechtsradikale Gewalt in Deutschland haben jedoch dazu beigetragen, daß dieser Gruß inzwischen seltener zu hören ist.

Wenn Ihnen auf einer Irland- oder England-Reise ein »Sieg Heil« entgegenschallt, ist das kein Grund zur Beunruhigung. Möglicherweise liegt es am falschen Wörterbuch. Der Verfasser von *Cassel's Deutsch-Englischem Wörterbuch* muß nicht recht bei Trost gewesen sein. Schlagen Sie dort einmal unter »Sieg Heil« nach – Sie finden als englische Übersetzung: *Hurrah!*

Literatur mit zwei Promille

Niemand kann in Dublin ein Buch schreiben«, behauptete der Schriftsteller Anthony Burgess. »Es wird zuviel geredet. Man kann Geschichten als Barde in einer Kneipe erzählen. Wer wollte danach noch ein Buch schreiben?« Doch welche Stadt außer Dublin hat drei Literatur-Nobelpreisträger hervorgebracht? Neben William Butler Yeats, George Bernard Shaw und Samuel Beckett haben Dutzende anderer irischer Schriftsteller und Schriftstellerinnen Weltruhm erlangt und zu dem Ruf beigetragen, daß die Iren eine Nation der Dichter und Erzähler sind. Die visuellen Künste treten dagegen erst langsam aus dem Schatten der Literatur heraus.

Auch im literarischen Bereich scheint eine irische Eigenart das Klischee über die Insel zu bestätigen: Während die Kulturreferenten anderer Städte Plaketten an den Geburtshäusern verstorbener Dichter anbringen lassen, kann man sich in Dublin auf eine literarische Kneipentour begeben. Viele berühmte irische Dichter waren nämlich genauso trink- wie schreibfreudig und haben ihren Lieblingspubs literarische Denkmäler gesetzt. Bei den Führungen rezitieren Schauspieler Verse, erzählen Anekdoten, inszenieren kleine Dramen und informieren nicht zuletzt über die Werke der Autoren. Wenn Sie an jeder dieser Wirkungsstätten einen Pint Guinness zu sich nehmen, werden Sie vielleicht nicht unbedingt tiefe Einblicke in die irische Literatur gewinnen, wohl aber die Bedeutung des Wortes *hangover* kennenlernen.

Wer es trockener mag, kann in Dublin natürlich auch auf James Joyces Spuren wandeln. Und sollten Sie sich dafür den »Bloomsday« aussuchen, werden Sie den Tag so schnell nicht vergessen. Joyce schrieb 1924 in sein Notizbuch: »Wird sich jemand dieses Datums erinnern?« Das Datum: der 16. Juni 1904. Der Tag, der mit einem linden Sonnenmorgen beginnt, ist ein Tag wie kein anderer – der Tag, an dem das Joycesche Epos *Ulysses* spielt, ein Roman, »dessen Held die Sprache ist, dessen Stoff die Sprache ist und in dessen Handlung das Eigenleben der Sprache selbst beschrieben wird«, wie *Ulysses*-Übersetzer Hans Wollschläger sagte. *Ulysses* – das ist der längste Tag der Weltliteratur.

Jedes Jahr wandeln am 16. Juni Tausende Joyceaner auf den Spuren Leopold Blooms, der Hauptfigur des *Ulysses*. Der Tag beginnt normalerweise um sechs Uhr mit einem Frühstück im Southbank Restaurant in Sandycove. Am benachbarten Wehrturm, in dem Joyce fünf Tage im September 1904 gewohnt hatte, finden den ganzen Tag über Lesungen statt – wie auch im Schriftstellermuseum am Parnell Square und beim Lunch im »Publicity Club of Ireland«. Experten führen die Joyce-Irren auf derselben Route durch die Stadt, die Leopold Bloom damals ging. Sie können sich auch – mit einer der zahllosen »Joyce-Gebrauchsanweisungen« bewaffnet – auf eigene Faust auf den Weg machen. Die Joyce-Industrie ist längst ins Unüberschaubare gewachsen.

Nicht nur die Joyce-Fans, auch die Joyce-Gelehrten aus aller Welt treffen sich am »Bloomsday« in Dublin, um Joyce weiter zu interpretieren und zu dekonstruieren. Doch Augustine Martin, Organisator der jährlich in Dublin stattfindenden »James Joyce Summer School«, sagte: »Leopold Bloom ist ein ganz gewöhnlicher Kerl. Wenn man sich in seine Sinneswelt einfinden kann, vom Rhythmus des Buches ergriffen wird, ist man gefangen und süchtig und braucht niemanden aus dieser internationalen Bagage.«

Joyce nannte Dublin »die Sau, die ihre Ferkel frißt«. Dafür haben sich die Stadtoberen an dem Dichter mit einem Denkmal gerächt. Mitten auf Dublins Hauptstraße, der O'Connell Street, ließen sie 1988 einen Brunnen errichten, der nach einem Werk von Joyce »Anna Livia« getauft wurde. Er besteht aus zwei Becken. Im oberen Becken sitzt »Anna Livia«, eine über vier Meter große und eineinhalb Tonnen schwere Bronzestatue, der ständig das Wasser aus einem Springbrunnen über den Kopf plätschert. In das untere Becken soll die Bevölkerung ihr Kleingeld werfen – für »wohltätige Zwecke«. Doch die Kinder sind schneller. Kaum wirft ein gutgläubiger Bürger eine Münze ins Wasser, fischen die Kinder sie wieder heraus. Sie haben ihre helle Freude an dem Joyce-Denkmal. Im Sommer sitzen sie oft mit Eimern bewaffnet im Brunnen und harren der Touristen. Wagt sich ein ahnungsloser Urlauber zu nah an »Anna Livia« heran, wird er mit zwei, drei Eimern Wasser übergossen und muß zurück ins Hotel, um die Kleidung zu wechseln. Die Polizei ist machtlos. Die Beamten trauen sich nicht in die Nähe des Brunnens, weil sie sonst dasselbe Schicksal wie die Touristen erleiden würden.

Joyce ist der bekannteste Vertreter der irischen Literatur, die drei oder vier Jahrhunderte lang im Schatten politischer und ökonomischer Zusammenbrüche stand, deren Häufigkeit es allein schon rechtfertigt, von einer Tradition zu sprechen. Aus den widrigen Umständen entwickelte sich indes eine eigenständige Literatur, die besonders im 20. Jahrhundert Weltruf erlangt hat. Was aber ist irische Literatur? Zunächst einmal kann »irisch« als Oberbegriff für gälisch und englisch geschriebene Literatur verwendet werden. Bis zum 17. Jahrhundert war die irische Literatur hauptsächlich die Aufzeichnung mündlicher Überlieferungen.

Nach der »Glorreichen Revolution« in England und dem Sturz des katholischen Königs Jakob II. im Dezember 1688 erließ dessen protestantischer Schwiegersohn und Widersacher Wilhelm II. Strafverfügungen, die eine politische Entrechtung der irischen Katholiken nach sich zogen. Ende des 17. Jahrhunderts waren drei Viertel des Grundbesitzes in den Händen des englischen und irisch-protestantischen Adels. Aus den besonderen Rahmenbedingungen dieser Minderheit inmitten einer feindlich eingestellten katholischen Gesellschaft erwuchsen jedoch Differenzen mit der britischen Politik, etwa in der Frage eines Ausgleichs mit den großen katholischen Mächten des Kontinents. Folglich bildete sich Anfang des 18. Jahrhunderts bei der protestantischen Oberschicht Irlands eine eigene kolonial-nationale Identität heraus, die man als »anglo-irisch« bezeichnet.

Die gälische Sprache und die mit ihr verbundenen Überlieferungen und Traditionen wurden zum Symbol der Unabhängigkeitsbewegung Ende des 19. Jahrhunderts. 1893 gründete der Literaturwissenschaftler Douglas Hyde die »Gälische Liga«, die zunächst nur das

Ziel verfolgte, die gälische Sprache zu erhalten. Die Liga war aus der literarischen Schule des Irish Literary Revival hervorgegangen, der William Butler Yeats, John Millington Synge, Lady Gregory und die Schauspielerin Maud Gonne angehörten. Der Brennpunkt dieses Revival war das Abbey-Theater, das dem Aufführungsmonopol der Londoner Westend-Theater in Dublin etwas entgegensetzen und jungen irischen Autoren die Gelegenheit geben wollte, ihre Stücke aufzuführen.

Einen Besuch dieses Theaters sollten Sie sich nicht entgehen lassen. Es wird allerdings nicht mehr im Originalgebäude gespielt: Im Juli 1951 erklang zum Abschluß der Vorstellung das Lied *Keep the home fires burning*, und als alle Besucher nach Hause gegangen waren, brannte das Theater ab. Erst 15 Jahre später öffnete das wiederaufgebaute Abbey-Theater seine Türen.

Die führenden Köpfe des Literary Revival kamen aus der protestantischen Minderheit, ihre Werke aber wurzelten in der keltischen Mythologie. Das trug dazu bei, daß sich ein neues Nationalbewußtsein herausbilden konnte. Dieses Bewußtsein einer eigenen Identität bereitete den Boden für den Unabhängigkeitskrieg, der 1922 mit der Teilung der Insel endete: 26 Grafschaften wurden zum »Freistaat Irland« mit Dominionstatus erklärt, die sechs nordwestlichen Grafschaften, das heutige Nordirland, blieben bei Großbritannien.

Als die irische Verfassung 1937 in Kraft trat, wurde der Schriftsteller Douglas Hyde, der zum Revival gehörte, zum ersten irischen Präsidenten gewählt, doch die politische Ideologie des Literary Revival war schon seit der Staatsgründung nicht mehr gefragt. Angesichts

— 145 —

der Armut, Unterentwicklung und Massenauswanderung war die Zeit für romantische Visionen vom keltischen Staat vorbei. Daran hatte die Staatsführung – im Verein mit der katholischen Kirche – entscheidenden Anteil: Sie drehte den Spieß einfach um und erzwang eine Konzentration auf lange unterdrückte kulturelle Werte, indem sie Einflüsse von außen unterband oder verbot. Der Traum vom eigenen Land, den viele Schriftsteller gehegt hatten, wurde zum Alptraum: Sean O'Casey, Liam O'Flaherty, Sean O'Faolain, Frank O'Connor und viele andere, die sich kritisch mit irischer Doppelmoral und politischer Realtität auseinandersetzten, galten als Nestbeschmutzer und wurden zensiert. Brinsley MacNamaras Roman *The Valley of the Squinting Windows*, eine beißende Satire auf die ländliche Idylle, wurde sogar öffentlich verbrannt. Das von oben verordnete »Irischsein« bewirkte eine geistige Enge, die viele Schriftsteller aus dem Land trieb. Ihr Exodus hinterließ in der Literatur und auf der Bühne eine Lücke, die jahrzehntelang nicht geschlossen werden konnte.

Die sechziger Jahre waren in Irland eine Zeit der Liberalisierung und des Optimismus. Das Land öffnete sich nach außen, das Fernsehen hielt Einzug, und der wirtschaftliche Schwerpunkt verlagerte sich von der Agrarwirtschaft hin zur Industrialisierung. Ausgerechnet die weltweite Wirtschaftskrise im Jahr 1973 löste in Irland einen literarischen Boom aus. Da die Nachfrage nach irischen Schriftstellern in Großbritannien zurückging, wurden sie dort nicht mehr verlegt. Nun nahmen sich neu gegründete irische Kleinverlage der Autoren an. Für die Schriftsteller hatte das den Vorteil, daß sie sich nicht mehr den Erwartungen einer ausländischen

Leserschaft anpassen mußten. Im Ausland wurde jeder neue irische Schriftsteller zunächst an Joyce und Beckett gemessen. Mit den irischen Verlagen im Rücken konnten sich die Literaten neuen und individuellen Themen zuwenden. Die neue Erzählergeneration rückte die Metropole Dublin in den Mittelpunkt, doch sie stimmte keineswegs ein Loblied an.

Planlosigkeit und Fehlplanung, verantwortungslose Kommunalpolitiker und Bodenspekulanten haben Dublins historisches Stadtbild verwüstet. Prachtvolle Gebäude – wie die Four Courts und das Custom House – stehen zwischen abbruchreifen Häusern oder inmitten des von der Abrißbirne geschaffenen Brachlands. Historische Bauten, Straßen und Plätze mußten Verkehrsschneisen durch die Innenstadt weichen. »In dieser Hinsicht scheinen wir ausgerechnet dem abschreckenden Beispiel unserer einstigen Kolonialherren, den Briten, zu folgen, statt auf dem europäischen Kontinent Rat zu suchen«, sagt Frank McDonald, Redakteur für Umwelt, Architektur und Stadtplanung bei der *Irish Times*. Erst ganz allmählich setzt ein Umdenken ein.

Die verfehlte städtebauliche Erneuerung Dublins führte zu einem Anstieg der Arbeitslosigkeit und Kriminalität und dem Verfall der Innenstadt. Mit diesen Themen setzte sich der schriftstellernde Nachwuchs auseinander. Michael Cronin, der Herausgeber der Literaturzeitschrift *Graph*, schrieb bedauernd: »Es ist eine Ironie der Geschichte, daß in dem Augenblick, da Dublin durch die Werke von Dermot Bolger, Tony Cafferky und Mannix Flynn eine zentralere Rolle in der Literatur zu spielen beginnt, nur ein Klagelied auf sein langsames Absterben zu hören ist.«

Die Rückkehr zu den »traditionellen Werten der Familie, des Glaubens und des Vaterlandes« im Irland der achtziger Jahre schlug sich in den Volksabstimmungen zugunsten des Abtreibungs- und Scheidungsverbots nieder. Die enttäuschten jungen Schriftsteller reagierten mit Auswanderung, oder sie beschäftigten sich, wie John Banville, mit der Vergangenheit. Zahlreiche Kleinverlage sind wieder eingegangen. Andere scheuen wirtschaftliche Risiken und meiden die Nachwuchsautoren, die sich ihre literarischen Sporen wie ihre Vorgänger wieder in England verdienen und die klischeehaften Erwartungen an »irische Schriftsteller« erfüllen müssen, die sich seit Joyce, Beckett & Co. festgesetzt haben. Das ist Voraussetzung, um den Sprung auf den lukrativen US-Markt zu schaffen.

Nordirland ist – von den wichtigsten Ausnahmen Bernard MacLaverty, Benedict Kiely, Brian Friel, Dermot Healy, Frank McGuinness und Julia O'Faolain einmal abgesehen – in der Literatur unterrepräsentiert, obwohl gerade der gewalttätige Konflikt im britisch besetzten Teil Irlands in den siebziger Jahren eine Debatte über Nationalismus und kulturelle Tradition ausgelöst hatte. »Irland ist Teil der Europäischen Gemeinschaft, des europäischen Einheitsmarkts und des transnationalen – oder sogar postnationalen – Staates, der sich mit oftmals verwirrender Geschwindigkeit entwickelt«, schrieb der Journalist Fintan O'Toole. »Aber Irland ist auch Teil des alten, unbeständigen Europa – eines Europa, das immer noch mit den Folgen des Nationalismus aus dem 19. Jahrhundert zu kämpfen hat.«

Robert Ballagh, der international bekannteste zeitgenössische Künstler der Grünen Insel, glaubt, daß Irland mehr als siebzig Jahre nach der Staatsgründung noch immer in einer Identitätskrise steckt: »Unglücklicherweise plappern wir Iren unaufhörlich von Definitionen für kulturelle Identität, was lediglich die Existenz eines bedeutenden nationalen Identitätsproblems anzeigt. Jemand sagte einmal, daß in Irland die Vergangenheit eine große Zukunft habe. Als ob das bestätigt werden soll, werden uns ständig Neuinterpretationen unserer Geschichte präsentiert, die vorrangig das Ziel haben, den Status quo zu erhalten.«

Irische und barbarische Spiele

*V*or dem Cross Guns Inn in Nord-Dublin hatte sich eine riesige Menschentraube gebildet. In der Kneipe herrschte drangvolle Enge: Menschen in grün-gelben Hemden und Mützen tanzten auf den schmalen Tischen und grölten Volkslieder. Ein junger Mann war auf die Rückenlehne der Sitzbank geklettert und versuchte, eine grün-gelbe Fahne in die holzgetäfelte Decke zu rammen. Nur den zähesten Trinkern gelang es, sich bis zur Theke vorzukämpfen. Hinter dem Tresen waren sieben Barmänner mit dem völlig vergeblichen Versuch beschäftigt, mit den Bestellungen Schritt zu halten – es war ein typischer »All Ireland Day«.

Wenn Sie zu der Zeit in Irland sind, sollten Sie sich das Spektakel, das sich jedes Jahr am dritten Sonntag im September wiederholt, keinesfalls entgehen lassen. Dieser Tag bildet den Höhepunkt im irischen Sportkalender, an dem seit über hundert Jahren das Finale im Gälischen Fußball ausgetragen wird – einer Sportart, die nur entfernt etwas mit Fußball, wie Sie ihn kennen, zu tun hat.

Die Regeln sind schnell erklärt: Es geht darum, den Ball im gegnerischen Tor unterzubringen. Das zählt drei Punkte. Geht er über die Querlatte zwischen den verlängerten Pfosten, gibt es einen Punkt. Diese Regel sorgt dafür, daß ein gälisches Fußballspiel für die Torhüter zu einer unendlich langweiligen Angelegenheit werden kann: Sie sind praktisch zu Balljungen degradiert, wenn der Ball in zehn Metern Höhe über sie hinwegschwebt – zum Punktgewinn für den Gegner. Torrichter in langen, weißen Fleischerkitteln wachen mit Argusaugen über die Flugbahn und signalisieren einen Punktgewinn mit Fähnchen – grün für ein Tor, weiß für einen Punkt. Der Ball darf mit der Hand gespielt, muß jedoch mit dem Fuß vom Boden aufgenommen werden.

Über den Umgang mit den Gegenspielern gibt es strenge Vorschriften, auch wenn der Augenschein den Uneingeweihten das Gegenteil vermuten läßt. Rugby erscheint im Vergleich zum Football wie eine Sportart für Priesterschüler. Ein englischer Beobachter sagte einmal: »Rugby ist ein Spiel für Raufbolde, das von Gentlemen gespielt wird. Fußball ist ein Spiel für Gentlemen, das von Raufbolden gespielt wird. Gälischer Fußball ist ein Spiel für Raufbolde, das von Raufbolden gespielt wird.«

Auf den Rängen geht es trotz aller Begeisterung friedlich zu, eine Trennung der Fans ist nicht nötig: Man tauscht Souvenirs, Tips und vor allem Alkoholika bereitwillig untereinander aus. Nach dem Schlußpfiff bricht allerdings das Chaos aus. Eine Umzäunung des Spielfelds soll die Fans am Stürmen hindern. Lediglich Rollstuhlfahrer erhalten einen Platz am Spielfeldrand. Die sind dann immer die ersten, die auf das Feld rasen.

Die andere traditionelle irische Sportart, die ähnliche Faszination auf Einheimische wie Touristen ausübt, ist das Hurling – oder Camogie, wie die weibliche Version heißt. Hurling und Camogie sind die schnellsten Feldspiele der Welt. Beim Camogie versuchen zwei Mannschaften aus je zwölf Spielerinnen, einen kleinen Lederball in das gegnerische Tor zu befördern. Dazu dürfen sie die Hand, den Fuß oder einen Eschenholzschläger benutzen, der einen Meter lang und am Ende breit abgeflacht ist. Ebenso wie beim Gälischen Fußball zählt ein Tor drei Punkte und ein Schuß über die Querlatte einen Punkt. Es erfordert große Geschicklichkeit, den Ball im Laufen auf dem Schläger zu balancieren und gleichzeitig den Attacken der Gegnerinnen auszuweichen. Es sieht gemeingefährlich aus, wenn die Spielerinnen ihre Schläger – die *Hurleys* – wie Keulen über dem Kopf schwingen, doch Verletzungen sind erstaunlicherweise selten. Die Männer spielen Hurling nach denselben Regeln, doch Spielfeld und Tore sind etwas größer. Außerdem müssen sie keine Röckchen tragen, wie es der konservative Verband den Frauen vorschreibt.

Hurling und Camogie sind nicht nur die schnellsten, sondern auch die ältesten Ballspiele der Welt. Im *Book of Leinster*, einem epischen Sagenkreis aus dem zwölften Jahrhundert, wird ein Hurlingspiel aus dem Jahre 400 v. Chr. beschrieben: »Dreimal fünfzig Jünglinge an einem Ende des Feldes und einer allein am anderen Ende, und der eine Jüngling besiegte die dreimal fünfzig Jünglinge am Tor, indem er jeweils den Ball parierte und zurückschlug. Und als sie dann im Spiel einander die Kleider vom Leib rissen, nahm er ihnen dreimal fünfzig Gewänder ab, und ihnen gelang es nicht einmal, ihm die Fibel seines Umhangs abzureißen.«

Finanziell springt für die Spielerinnen nichts heraus: Sowohl Camogie und Hurling als auch Gälischer Fußball sind reine Amateursportarten. Bis ins 18. Jahrhun-

— 152 —

dert waren diese Spiele in Irland weit verbreitet. Als sich
Sport jedoch aufgrund der politischen und ökonomi-
schen Verhältnisse immer mehr zu einer Sache der
Oberschicht entwickelte, gingen die »Volkssportarten«
fast völlig unter. Erst im Zuge der nationalen Bewegung
Ende des vergangenen Jahrhunderts setzte ein erneuter
Aufschwung ein. 1884 gründeten sieben Männer die
Gaelic Athletic Organisation (GAA), deren Schirmherr-
schaft von Erzbischof Croke übernommen wurde.

Nach ihm ist das Stadion in dem Norddubliner Ar-
beiterviertel benannt, in dem alle großen Spiele ausgetragen werden – natürlich nur in den traditionellen
Sportarten. Für anderen Sport bleibt der Croke Park
verschlossen. Vor allem die »englischen« Sportarten
Rugby, Fußball, Hockey und Cricket werden von den
Traditionalisten abgrundtief verachtet, hatten aber stets
auch ihre Anhänger auf der Grünen Insel. Bis 1971 war
es GAA-Mitgliedern streng verboten, sich diese »bar-
barischen Spiele« anzusehen, geschweige denn selbst zu
spielen.

Als die GAA 1993 staatliche Zuschüsse für die Erwei-
terung des Croke Park beantragte und man ihr daraufhin
nahelegte, die Stadiontore für den immer populärer
werdenden Fußball zu öffnen, sagte GAA-Präsident Michael Loftus entsetzt: »Fußball? Eine Garnisonssportart
in unserem Stadion? Die GAA hat soviel für die Entwicklung der irischen Gesellschaft getan, daß sie ein
Recht auf staatliche Zuschüsse ohne Vorbedingungen
hat.«

Sport und Politik gehören seit Gründung der GAA
eng zusammen. Polizisten, Gefängniswärter und Soldaten durften der GAA nicht beitreten. Diese Regelung

entsprang nicht zuletzt der Vorsicht: Da die Bezirksorganisationen der GAA früher gleichzeitig Zentren des Widerstands waren, hatte der englische Geheimdienst bereits 1890 seine Agenten auf sämtliche GAA-Veranstaltungen angesetzt. Beim Osteraufstand 1916 kamen viele Spieler gälischer Klubs ums Leben. So traf 1920 nach einem IRA-Attentat der britische Vergeltungsschlag nicht zufällig den Croke Park: Englische Söldner erschossen während eines Gälischen Fußballspiels 13 Menschen, darunter den Kapitän des Teams aus Tipperary.

Als der Verband 1993 das Beitrittsverbot für die nordirischen Sicherheitskräfte erneut bestätigte, hagelte es allerdings Vorwürfe von allen Seiten. Verschiedene Belfaster Politiker behaupteten gar, die GAA stecke mit der IRA unter einer Decke. In Wirklichkeit ist die GAA heutzutage höchst verfassungstreu. Sie ist eine etablierte und einflußreiche Organisation, an deren Spitze Männer stehen, die fast so alt wie die GAA selbst sind.

Hurling und Gaelic Football sind ein Sprungbrett für politische Karrieren. Wer jahrelang für sein Grafschaftsteam erfolgreich auf Punkt- und Torjagd war, kann sich darauf verlassen, nach dem Rückzug vom Sport bei den nächsten Bezirkswahlen ebenso erfolgreich abzuschneiden. Manch einer klettert gar noch höher: Jack Lynch, Hurling-Star aus Cork, wurde 1966 irischer Premierminister.

Böse Zungen behaupten, die traditionellen Sportarten seien in Irland so beliebt, weil die Iren darin unschlagbar seien – sie werden in dieser Form nämlich nirgendwo anders gespielt. Allerdings gibt es in Australien ein dem Gaelic Football verwandtes Ballspiel. Die Erklärung dafür ist einfach: Ein Fünftel der Bevölkerung Australiens stammt von irischen Vorfahren ab, in der Mehrheit von deportierten Häftlingen. Die von der britischen Regierung ins Exil geschickten Iren führten in der neuen »Heimat« ihren Nationalsport ein – Gälischen Fußball, der sich schnell in Australien durchsetzte und zum Profisport wurde. Die Regeln wurden zwar im Lauf der Zeit abgewandelt, aber grundsätzliche Ähnlichkeiten blieben bestehen.

Für die von GAA-Präsident Michael Loftus so geschmähte »Garnisonssportart« Fußball kam am 12. Juni 1988 der Wendepunkt: An diesem Tag besiegte das irische Team im Stuttgarter Neckarstadion den hohen Favoriten und »Erzfeind« England mit 1:0. Die erste große Überraschung der Europameisterschaften in der Bundesrepublik war perfekt. Nach dem Abpfiff stieg der durchschnittliche Alkoholspiegel in Irland um mehrere Promille, die gesamte Nation war zu Anhängern der *Boys in Green* geworden.

Dabei hätte der irische Fußballverband Anfang der achtziger Jahre beinahe Konkurs anmelden müssen. Die Nationalmannschaft eilte von einem Mißerfolg zum anderen und konnte nur noch die treuesten Fans ins Stadion locken. Erst als der Verband im August 1985 Jack Charlton als Nationaltrainer verpflichten konnte, ging es mit dem Fußball aufwärts. Der Bergarbeitersohn mit dem Spitznamen »Giraffe« war Abwehrspieler des englischen Teams, das 1966 im WM- Endspiel die bundesdeutsche Mannschaft mit 4:2 besiegt hatte. Charlton unterzeichnete den Vertrag in Irland vor allem deshalb, weil die Grüne Insel als Anglerparadies bekannt ist. Bei seinem Amtsantritt war Charlton noch mit Plakaten

155

empfangen worden, die ihn in seine englische Heimat verwünschten, doch nach den ersten ungewohnten Siegen der Fußballer schlug die Stimmung um. Endgültig eroberte sich Charlton die Herzen der irischen Fans mit dem Sieg über England, der seine englische Abstammung allemal aufwog.

Die »Giraffe« betrieb nach seinem Amtsantritt zunächst Ahnenforschung. Sämtliche Spieler der irischen Nationalmannschaft verdienen ihr Geld in der englischen und schottischen Liga. Etwa drei Viertel sind in Großbritannien geboren. Wenn Charlton bei seiner Suche nach guten Fußballern auf eine irische Großmutter stieß, wurde der Spieler kurzerhand mit einem irischen Paß ausgestattet und durfte fortan für die *Boys in Green* spielen. Das sei ausgleichende Gerechtigkeit, meinte Charlton. Schließlich waren die Großeltern aus wirtschaftlichen Gründen dazu gezwungen, auszuwandern. So sei es doch eine gute Sache, wenn die Enkel nun zurückkehrten und für das Land der Vorväter Fußball spielten. Charlton naturalisierte sich ein schlagkräftiges Team herbei.

Laut Ahnengesetz der FIFA, des internationalen Fußballverbands, kann man sich nämlich aussuchen, ob man für England oder Irland spielen will. Die Entscheidung ist jedoch endgültig: Hat ein Spieler erst einmal das Nationaltrikot eines Landes getragen – und sei es nur für ein paar Minuten –, kann er nie mehr für das andere Land eingesetzt werden.

Das merkten schließlich auch die englischen Funktionäre. Charltons Schnüffelei in den Aktenschränken der Meldestellen ging ihnen zusehends auf die Nerven, und sie beschlossen, Gleiches mit Gleichem zu vergelten: Ist ein halbwegs talentierter Spieler auffallend rothaarig oder besteht der Verdacht auf irische Vorfahren, setzen ihn die Engländer in ihrem Team ein. Meist verschwindet der frischgebackene Nationalspieler danach wieder in der Versenkung. So hat ein regelrechter Wettlauf um talentierte Nachwuchsspieler eingesetzt, der manchmal sonderbare Blüten treibt: Die Brüder Linighan konnten sich nicht einigen – Andy entschied sich für England, sein Bruder David für Irland.

Fußball ist binnen weniger Jahre gesellschaftsfähig geworden. Die Länderspiele sind – selbst wenn es um nichts geht – stets ausverkauft. Zum Leidwesen der Funktionäre faßt das Rugbystadion an der Lansdowne Road, wo die Fußballer mangels Alternative ihre Heimspiele austragen müssen, nur knapp 50000 Zuschauer. Die Fans sind die besten Europas. Ihre Begeisterung erinnert an südamerikanische Fußballfeste. Die Anhänger der Gastmannschaften haben in Dublin nicht das geringste zu befürchten – außer vielleicht eine Alkoholvergiftung, wenn sie der irischen Gastfreundschaft zum Opfer fallen.

Endgültig in die Herzen der Nation spielten sich die Fußballer bei der Weltmeisterschaft in Italien, wo sie 1990 bis ins Viertelfinale vorstießen. Da es die erste Teilnahme an einer Weltmeisterschaft war, setzte ein Massenexodus nach Italien ein. Für die Daheimgebliebenen ließ der Verband in den Ausstellungshallen in Süddublin ein Stadion und ein italienisches Dorf nachbauen. Die Spiele wurden auf vier riesigen Leinwänden übertragen. Sämtliche 6500 Eintrittskarten waren ausverkauft – trotz des Preises von umgerechnet fünfzig Mark. Biedere Bankangestellte erschienen in grünen

Trikots zur Arbeit, und jedes Wirtshaus auf der Insel hatte für die Dauer des Fußballspektakels großformatige Fernseher aufgestellt. Der Andrang war so gewaltig, daß verschiedene Kneipiers Eintrittskarten an die Stammgäste verteilten. Selbst die sonntags zumindest in Dublin streng gehandhabte Sperrstunde tat der Feier keinen Abbruch: Der Innenminister hatte die Polizei angewiesen, beide Augen zuzudrücken. Seine Wiederwahl war gesichert.

Die Heimkehr der Mannschaft stellte dann selbst den Papstbesuch und die Visite John F. Kennedys in den Schatten. Eine Million Menschen säumten die zehn Kilometer lange Strecke vom Dubliner Flughafen in die Innenstadt. Es war ein Triumphzug: Die Menschen kletterten auf Mauern, Dächer und Bäume, um einen Blick auf die Fußballer im offenen Doppeldeckerbus zu erhaschen. Eine alte Dame im Tweedkostüm erklomm gelenkig eine Ampel. Überall tanzten Nonnen auf der Straße. Die Fans winkten mit allem, was greifbar war. Fahnen, Hüte, Schals, selbst Kinder und Katzen wurden geschwenkt. Die Spieler heulten vor Rührung wie die Schloßhunde, und der normalerweise grantige Charlton war zum ersten Mal in seinem Leben sprachlos. Die Party zog sich bis in die frühen Morgenstunden hinein. Was wäre erst geschehen, wenn die Iren die Weltmeisterschaft gewonnen hätten?

Sind die Fans des südirischen Teams völlig friedfertig, so gilt für ihre Kollegen nördlich der Grenze das Gegenteil. Mit Schrecken erinnert sich der Wirt des »Brian Boru«, Michael Hedigan, an die Entscheidungsspiele um die gesamtirische Meisterschaft zwischen dem südirischen und dem nordirischen Meister, die früher im Dalymount Park ausgetragen wurden. Das »Brian Boru« liegt ganz in der Nähe des Stadions an der Hauptstraße nach Derry in Nordirland. Schon Joyce hatte die Kneipe in seinem *Ulysses* erwähnt, allerdings nur in einem Nebensatz. Den Pub gibt es seit 1868. Er begann als als Dorfkneipe mit angeschlossenem Lebensmittelladen, aber dank der Eröffnung des Prospect Cemetery, dem heute größten Friedhof Irlands, änderte sich der Alkoholumsatz schlagartig. Schließlich ist es Tradition, daß jeder Tod mit einem gewaltigen Besäufnis begangen wird.

»Trauergäste sind mir lieber als Fußballfans«, sagt Michael Hedigan. »Die betrinken sich wenigstens fromm in der Ecke und machen keinen Ärger. Mit Fußballfans habe ich schlechte Erfahrungen gemacht, als noch die Spiele um die gesamtirische Meisterschaft ausgetragen wurden.« Der nordirische Champion heißt seit Jahren FC Linfield, eine protestantische Mannschaft, in der bis 1991 keine Katholiken spielen durften – nicht mal dann, wenn sie Maradona hießen. Das Verbot wurde erst auf Druck der FIFA aufgehoben.

Einmal wurde das eherne Prinzip durchbrochen – allerdings versehentlich. Ende der achtziger Jahre verpflichtete Linfield einen Schwarzafrikaner, der sich als Ballvirtuose erwies und schnell zum Publikumsliebling aufstieg. Das ging jedoch nur solange gut, bis herauskam, daß er katholisch war. Man hatte bei der Vertragsunterzeichnung vergessen, nach der Religion zu fragen, weil man einen Afrikaner offenbar nicht für so heimtückisch gehalten hatte, katholisch zu sein. Der Vertrag wurde umgehend gekündigt.

Die Meisterschaftsspiele in Dublin sahen die Linfield-

Fans immer als Neuauflage der Schlacht am Boyne, wo 1690 die protestantische englische Thronfolge gesichert wurde. »Das Spiel zwischen Linfield und den Shamrock Rovers aus Dublin sollte erst um 18 Uhr anfangen«, erinnert sich Michael Hedigan, »aber schon ab zehn Uhr morgens paradierten die Linfield-Fans vor der Kneipe auf und ab. Eine ganze Familie – Opa, Vater, Mutter und drei Kinder – fingen plötzlich an, unsere Fenster im ersten Stock mit Steinen einzuwerfen.« Meinen britische Politiker etwa das, wenn sie sagen, Fußball müsse wieder zum Familiensport werden? Aber es kam noch schlimmer. »Uns war natürlich klar, daß die Hooligans nach dem Spiel wieder an unserer Kneipe vorbeimußten«, sagt Michael Hedigan. Der Laden wurde daher geschlossen. »Nach dem Spiel trieb die Polizei die Linfield-Fans wie eine Viehherde in Richtung Norden«, erzählt Michael, »nur vergaßen sie, die Geschäfte auf dem Weg zu sichern.« Keine einzige Scheibe im gesamten Gebäude blieb heil. Nachdem es schon fast zur Tradition geworden war, daß die Linfield-Fans alljährlich Norddublin verwüsteten, hatte der Fußballverband schließlich ein Einsehen und stellte die Meisterschaftsspiele ein.

Seine Heimspiele trägt der FC Linfield im Windsor Park aus. Das Stadion liegt mitten im Belfaster »Village«, einem schummrigen protestantischen Getto, dessen schmale Gassen mit Wandgemälden bewaffneter Paramilitärs und rot-weiß-blauen Bürgersteigen verziert sind. Die Sicherheitsvorkehrungen bei Fußballspielen sind äußerst umfangreich. Gastmannschaften aus katholischen Gegenden hatten im Windsor Park noch nie etwas zu lachen: Im Dezember 1948 zerrten

Zuschauer den Stürmer von Belfast Celtic, Jimmy Jones, auf die Tribüne und zertrümmerten ihm ein Bein. Das Celtic-Management beschloß daraufhin, nicht länger die Gesundheit der Spieler zu riskieren und löste den bis heute erfolgreichsten nordirischen Verein auf.

Im selben Stadion spielt auch die nordirische Nationalmannschaft. Deren Begegnungen bereiten den Organisatoren jedesmal besondere Kopfschmerzen. Der Windsor Park ist wohl das einzige Stadion der Welt, wo selbst die heimischen Fans voneinander getrennt werden müssen. »Für Katholiken ist der Windsor Park etwa so einladend wie der neunte Kreis der Hölle«, sagt der Journalist und Fußballfan Paul O'Kane aus Belfast. Schon als Kind haben ihn seine beiden Brüder zu den Länderspielen des nordirischen Teams mitgenommen. »Ich konnte meinen Vornamen behalten, weil er neutral ist«, sagt Paul, »aber meine Brüder Michael und Kevin mußten sich im Stadion Sam und Bill nennen, damit sie nicht als Katholiken entlarvt wurden. «

Auch in Derry, der zweitgrößten nordirischen Stadt, spielt die Politik beim Fußball eine große Rolle. Der lokale Verein, Derry City, ist der einzige Club, der sowohl die nordirische als auch die südirische Meisterschaft gewonnen hat. Der nordirische Titel liegt allerdings schon ein Vierteljahrhundert zurück. Bereits damals waren Derrys Fans berühmt für den Höllenlärm, mit dem sie das heimische Brandywell-Stadion in einen Hexenkessel verwandelten. Das änderte sich jedoch am 11. September 1971. Während des ganzen Sommers hatte es Straßenschlachten zwischen der britischen Armee und der katholisch-republikanischen Bevölkerung gegeben. Die Polizei wagte sich schon lange nicht mehr in die katholischen Viertel Creggan, Bogside und Brandywell. Dann kam ausgerechnet die protestantische Mannschaft von Ballymena United zum Punktspiel nach Derry. Die Gäste verloren nicht nur das Spiel, sondern auch ihren Mannschaftsbus, der von Jugendlichen angezündet wurde. Zur Strafe durfte Derry City nicht mehr in Brandywell spielen, sondern mußte ins fünfzig Kilometer entfernte Coleraine ausweichen. Als die Platzsperre auch im nächsten Jahr nicht aufgehoben wurde, zog sich Derry City vom Spielbetrieb zurück. Jedes Jahr wurde erneut der Antrag auf Rücknahme der Platzsperre gestellt, genauso regelmäßig wurde er abgelehnt.

Mit der Einführung einer zweiten Liga in Südirland bot sich 1985 endlich die Chance zum Neubeginn. Der südirische Fußballverband akzeptierte Derrys Bewerbung getreu dem Postulat eines vereinten Irland. Sofort strömten wieder die Massen ins Brandywell-Stadion, und 1988 gelang Derry City der Aufstieg in die erste Liga. Auf Anhieb konnte das Team ein Jahr später die Meisterschaft erringen. Wer auf den Titelgewinn ein paar Pfund gesetzt hatte, konnte ein hübsches Sümmchen kassieren. Mehr zur irischen Wettleidenschaft in nächsten Kapitel.

Spielhöllen und andere heilige Hallen

Der Ehrengast fühlte sich sichtbar unwohl in seiner Haut. Seinetwegen hatte die kleine irische Stadt Ballybay einen Empfang organisiert, und nun mußte er hinter drei Blaskapellen unter dem Jubel sämtlicher Einwohner die Hauptstraße seines Heimatortes entlangparadieren. Vor dem Schnellimbiß hielt der Zug kurz: Der Imbißbesitzer hatte das Etablissement zu Ehren des berühmten Mitbürgers nach ihm benannt. Auf dem Marktplatz war eine Tribüne aufgebaut worden. Vor einer Menschenmenge pries Ballybays Bürgermeister die Ruhmestaten des Ehrengastes. Dieser war sich der Würde des Augenblicks offenbar nicht bewußt. Er hob sein Bein und pinkelte an den Mikrofonständer.

»Lartigue Note« ist ein Greyhound, der das wichtigste Windhundrennen – das britische Derby in Wimbledon – gewonnen hatte. Nach seinem Sieg waren die zahlreichen irischen Zuschauer, die zu dem Rennen auf die Nachbarinsel gereist waren, völlig aus dem Häuschen und stürmten die Rennbahn. Für den Auftritt des Hundes, der keine dreißig Sekunden gedauert hatte, kassierte sein Besitzer umgerechnet 100 000 Mark. Auch seine wettfreudigen Landsleute kamen auf ihre Kosten. Aus Lokalpatriotismus hatten sie alle ihr Geld auf »Lartigue Note« gesetzt.

— *163* —

Den Besuch bei einem Hunderennen sollten Sie sich nicht entgehen lassen. Allerdings müssen Sie sich beeilen, das Geschäft mit den schnellen Hunden steckt in der Krise. Windhundrennen finden in Irland seit 1927 statt. Die Besucherzahlen stiegen zunächst stetig. Wo Geld im Spiel ist, mußte auch ein Verband her: Bord na gCon wurde 1958 gegründet und kassiert seither von jeder Wette einen Anteil. Und der fiel lange Zeit stattlich aus: Noch Anfang der achtziger Jahre kamen über eine Million Besucher im Jahr zu den Rennen. 1990 war es gerade noch die Hälfte.

Verbandssprecher Pat O'Dwyer führt das auf Auswanderung zurück. Warum aber ausgerechnet die Windhundfans überproportional auswandern sollen, ist wenig einleuchtend. Die Bevölkerungszahl ist schließlich seit Jahrzehnten relativ konstant. Es liegt wohl eher an den sich häufenden Berichten über dubiose Wettgeschäfte und verschiedene Dopingfälle, bei denen die genauen Untersuchungsergebnisse meist unter den Teppich gekehrt werden.

Der Verband hat freilich noch ein paar andere Eisen im Feuer. Der ihm unterstehende Irish Coursing Club organisiert die Hundejagd auf lebende Hasen. Jeder Eigentümer, der seinen Kläffer auf die Hasenhatz schicken will, muß Verbandsmitglied werden. Noch lukrativer als das Hasenkillen ist der Export der Hunde. Mit einem guten Windhund lassen sich hohe Preise erzielen.

Die Atmosphäre auf der Rennbahn ist trotz der windigen Geschäfte des Verbandes einmalig. Die Buchmacher bauen ihre Stände in den Hallen unter den Tribünen auf. Jeder Buchmacher steht auf einem Schemel neben einer schwarzen Tafel, auf deren linker Hälfte die Namen der

Hunde für das nächste Rennen verzeichnet sind. Die rechte Hälfte ist für die Quoten reserviert. Die Buchmacher haben in einer Hand ein Stück Kreide und in der anderen einen Lappen, mit dem sie die Quoten blitzschnell wieder abwischen können, falls die Wetten auf einen bestimmten Hund zu hoch werden und der Buchmacher, sollte das Tier gewinnen, ruiniert wäre.

Je nach Stand der Wetten werden die Quoten laufend geändert. Die Leute, die eine Wette plazieren wollen, rennen von einem Buchmacher zum anderen, um die günstigste Quote für ihren Favoriten zu ergattern. Es geht zu wie in einem Ameisenhaufen. Zwar hat jeder Buchmacher seine eigenen Quoten, doch sie verständigen sich pausenlos in einer Zeichensprache, die nur Buchmacher verstehen. Bis Sekunden vor Rennbeginn werden die Wetten plaziert.

Die Hunde tragen verschiedenfarbige Leibchen um den Bauch und warten scheinbar träge in Käfigen auf den Startschuß. Plötzlich kommt Bewegung in die Meute. Das Vorderteil der Käfige ist hochgeschnellt, und die Hunde hetzen um die Sandbahn hinter einem falschen Hasen her, der auf einer elektrischen Schiene vor den Greyhounds herrast. Im Ziel verschwindet der Hase dann in einer Klappe in der Erde. Früher wurde der Kunsthase von einem Angestellten per Fahrrad angetrieben. Das war kein sehr zuverlässiges Verfahren, weil der Hase manchmal entgleiste und dadurch auch dem dümmsten Greyhound klar wurde, daß er hereingelegt worden war.

Nicht empfehlenswert – und zudem illegal – sind Hundekämpfe. Doch in diese Verlegenheit werden Sie ohnehin nicht kommen, es sei denn, Sie verfügen über die entsprechenden Kontakte. Hundekämpfe sind in Irland seit Anfang des 19. Jahrhunderts verboten. Seit einiger Zeit gewinnt dieser »Sport« – wie das blutige Spektakel von seinen Anhängern bezeichnet wird – an Popularität. Grund dafür sind die Pitbull-Terrier, die seit Anfang der achtziger Jahre aus den USA importiert werden. Damals kostete ein Exemplar dieser niederträchtigen Züchtung noch 5000 Pfund, heute kann man Welpen ohne Stammbaum kostenlos erhalten. Für potentielle »Champions« muß man jedoch immer noch größere Summen hinblättern.

Pitbulls werden bis zu vierzig Kilogramm schwer und sind kräftiger als die meisten Hunde von doppelter Größe. Sie können mühelos das Vierfache ihres Eigengewichts ziehen. Schäferhunde und Jack Russels werden kaum noch als Kampfhunde verwendet, weil – laut Alan Goddard vom Tierschutzverband – »Pitbulls die grausamsten Tiere sind und den Leuten das beste Schauspiel bieten«. Um einen Pitbull bereits von klein auf blutgierig zu machen, werden ihm zunächst Katzen und später kleinere Hunde vorgeworfen, die meist aus den Nachbargärten geklaut werden. Im Alter von 18 Monaten steigt der Killerköter zum ersten Mal in den »Ring« – eine knapp fünf Quadratmeter große Holzkiste, die mit Teppichboden ausgelegt ist, damit die Kontrahenten nicht ausrutschen.

Hundekämpfe unterliegen in Irland der strengsten Geheimhaltung. Meist treffen sich die Besitzer der Tiere zwei Monate vor dem Kampf, unterzeichnen einen Vertrag und überreichen einem »Schiedsrichter« fünfhundert Pfund Pfand. Der Schiedsrichter wählt den Kampfplatz – alte Scheunen, Garagen, Fabrikgebäude,

Kneipenkeller oder sogar Schlafzimmer – und organisiert die Anreise der »Fans«, die oft in geschlossenen Lastwagen transportiert werden, damit sie den Ort später nicht identifizieren können.

Die Kampfregeln sind einfach und seit Jahrhunderten unverändert. Kampfhundbesitzer behaupten gar, daß sie lediglich eine alte und ehrenwerte Tradition fortführen. Die Hunde kämpfen, bis einer von ihnen keine Lust mehr hat und sich abwendet. Dann wird der Kampf für dreißig Sekunden unterbrochen. Während der Kontrahent in der Ecke festgehalten wird, läßt man das kampfunlustige Tier los. Überschreitet es die Mittellinie nicht, ist der Kampf entschieden – und meist auch das Schicksal des Verlierers, der als Kampfhund wertlos geworden ist. Der Besitzer kann den Kampf auch abbrechen, wenn sein Hund schwer verletzt ist. Das Tier, das sich dennoch über die Mittellinie schleppt und dadurch seine Kampfwilligkeit beweist, kann seine Ehre – und sein Leben – retten. Ein britischer Pitbull namens »Little Big Man« ist zur Legende geworden, weil er trotz zwei gebrochener Vorderbeine über die magische Linie gerobbt sein soll.

Das Preisgeld ist zwar nicht sonderlich hoch, dafür geht es bei den Wetten um erhebliche Summen. Wie weit die Organisatoren der Hundekämpfe gehen, um ihr einträgliches Geschäft zu verteidigen, zeigt ein Fall aus dem Jahr 1988. Damals wurden zwei Pitbulls vor 150 Zuschauern in einer leerstehenden Fabrik in Westdublin aufeinandergehetzt. Ein britischer Reporter von *News of the World*, dem es gelungen war, sich einzuschleichen, machte geheime Fotos von der blutigen Veranstaltung. Allerdings enttarnte er sich selbst, weil er bei dem folgenden Gerichtsprozeß als Zeuge der Anklage auftrat. Wenige Monate später fand man ihn auf einem Autobahnparkplatz in Großbritannien: Er war zusammengeschlagen, geteert und gefedert worden.

Genauso illegal und deshalb genauso konspirativ organisiert sind Hahnenkämpfe, die meist auf einem Feld direkt auf der inneririschen Grenze ausgetragen werden. Kommt die nordirische Polizei, so flüchten Organisatoren und Gäste in den Süden, tauchen die südirischen Ordnungshüter auf, verschwinden Mensch und Tier nach Norden.

Die innerirische Grenze ist aber auch Schauplatz von Veranstaltungen, bei denen ganz legal gewettet werden darf. Pettigo ist ein Fünfhundert-Seelen-Ort, der von dem Fluß Termon in zwei Hälften geteilt wird: die eine gehört zu Nordirland, die andere zu Südirland. Der Ort ist praktisch von der Umwelt abgeschnitten. Von den elf Straßen, die früher beide Ortsteile verbanden und in die Nachbarorte führten, sind zehn durch Betonklötze gesperrt. Die absurde Grenze hat Pettigo wirtschaftlich an den Rand des Ruins getrieben. Immerhin haben die Bewohner einen gewissen Galgenhumor entwickelt: Seit 1989 funktionieren sie am Ostersonntag den Grenzfluß in eine Regattastrecke um und veranstalten ein Entenrennen. Etwa sechshundert gelbe Plastikenten werden von einer Brücke in den nur sechs Meter breiten Fluß geworfen. Jede trägt eine Nummer auf dem Bauch. Eine Wette auf die schnellste Ente kostet ein Pfund, der Erlös kommt der Fußball-Juniorenmannschaft zugute. Das Plastikgeflügel treibt flußabwärts in Richtung Zollbrücke, der einzigen offenen Autostraße zwischen beiden Ortshälften. Unter der Brücke haben die Rennver-

— *168* —

anstalter ein Netz aufgespannt. Die erste Ente, die ins Netz geht, hat das Rennen gewonnen.

Vielleicht liegt es an Veranstaltungen wie dem Entenrennen in Pettigo, daß mancher ausländische Besucher zu der Überzeugung gelangt ist, die Iren würden nur deshalb Sport treiben oder Rennen veranstalten, weil das eine gute Gelegenheit zum Wetten ist. Der Beruf des Buchmachers ist ähnlich krisenfest wie der des Gastwirts. Man kann sein Geld freilich auf mehr als nur Hunde, Pferde, Enten oder die irische Fußballmannschaft setzen: auf weiße Weihnachten, auf das Geschlecht des Kindes einer schwangeren englischen Prinzessin, sogar auf ein bestimmtes Datum für den Weltuntergang – oder auf den nächsten Snooker-Champion.

Snooker ist eine Billard-Variante, die angeblich aus Schottland stammt. Auf den ersten Blick sehen die Regeln komplizierter aus, als sie sind. Es gibt 15 rote und sechs verschiedenfarbige Kugeln. Die Spieler müssen jedesmal erst eine rote Kugel in eine der sechs Taschen am Rand des Billard-Tisches spielen; das zählt einen Punkt. Dann dürfen sie eine der anderen Kugeln versenken. Diese Kugel wird anschließend wieder auf den Tisch zurückgelegt. Wenn alle roten Kugeln weg sind, müssen die übrigen Kugeln in der Reihenfolge ihres Werts abgeräumt werden – die schwarze zuletzt. Das Spiel ist gewiß nicht arm an Gemeinheiten: Die Kunst besteht darin, die Kugeln, die der Gegner spielen will, zu blockieren. *He snookered him*, tönt es jedesmal ebenso hämisch wie anerkennend von den Zuschauertribünen.

Snooker gilt als Saufsport und Männersache. Das Spiel erfreut sich vor allem in Kneipen großer Beliebtheit. Weltmeisterschaften werden seit den dreißiger Jahren ausgetragen. Dabei geht es um viel Geld: Der Sieger erhält umgerechnet fast eine halbe Million Mark. Das Geld kommt von den Fernsehanstalten, die alle großen Turniere live übertragen.

Mit Brieftauben läßt sich nicht soviel Geld wie mit Snooker-Champions verdienen, aber wetten kann man auf sie allemal. Die Taubenzucht ist vor allem in den irischen Arbeitervierteln weit verbreitet. Wer seine Brieftauben an Rennen teilnehmen lassen will, muß Mitglied in einem Verein sein. Die Vereine sind zu Bezirksverbänden zusammengeschlossen, die wiederum der Dachorganisation Irish National Flying Club im nordirischen Lisburn unterstehen. Die Saison dauert von April bis Oktober. In dieser Zeit finden an jedem Wochenende Rennen statt.

Das größte Ereignis ist der »King's Cup« im Juni, der vom Dachverband ausgerichtet wird. Das Preisgeld beträgt umgerechnet etwa 70 000 Mark, manchmal gibt es noch ein Auto dazu. Um zu gewinnen, müssen die Vögel allerdings den Weg von Frankreich über den Ärmelkanal bis in ihre heimatlichen Taubenschläge finden. Bei den Rennen der Bezirksverbände ist weniger zu holen. Hier müssen sich die fünfzig Bestplazierten 2 500 Mark teilen.

Die Rennen beginnen immer am Freitagabend. Die Taubenbesitzer bringen ihre Vögel zum Clubhaus, wo den Tieren ein numerierter Gummiring ums Bein gebunden wird. Jeder Teilnehmer erhält eine versiegelte Spezialuhr. Am Samstagmorgen werden die Brieftauben in Lastwagen zum Startpunkt gebracht. Der Dubliner Verband besitzt zwei Sattelschlepper, mit denen insgesamt 26000 Tauben transportiert werden können. Kaum sind sie freigelassen, fliegen die Brieftauben automatisch in Richtung Heimat. Sobald sie ihren Taubenschlag erreicht haben, nimmt der Besitzer seinen Tauben den Gummiring ab und legt ihn in eine Kapsel, die so schnell wie möglich in die Spezialuhr geworfen wird. Dadurch wird die Uhr angehalten und druckt die Gesamtzeit aus. Manche Rennen sind durch Bruchteile von Sekunden entschieden worden.

Doch nicht immer geht alles glatt: Im Juli 1989 schickte der irische Verband zum Jubiläum der Französischen Revolution eine gefiederte Ladung nach Reims, von wo die Vögel nach Hause zurückfliegen sollten. Doch keine der 1200 Brieftauben tauchte jemals wieder auf. Einer der Züchter klagte: »Es war das erste große Rennen, an dem mein Vogel teilgenommen hat. Ich glaube, daß die Franzosen die Tauben abgeknallt und aufgefressen haben.«

Mit Pferden kann das nicht so leicht passieren. Pferde sind in Irland heilige Tiere. Längst wurde ihnen vergeben, daß sie einst das Symbol der Besatzer waren, als die Normannen vor achthundert Jahren von der Grünen Insel Besitz ergriffen. Heute schlägt man die englischen Nachfahren der Besatzer mit ihren eigenen Waffen – beim Wetten natürlich.

Noel Furlong aus Dun Laoghaire, einer Hafenstadt südlich von Dublin, ist Pferdenarr und Teppichhändler. Beides verträgt sich nicht immer. Ende der achtziger Jahre wurde der 53jährige in England angeklagt, für seine Teppichexporte die Mehrwertsteuer hinterzogen zu haben. Er kam jedoch gegen eine Kaution von 500000 Pfund frei und floh nach Irland. Fortan durfte er englischen Boden nicht mehr betreten, ohne vorher weitere 500 000 Pfund Steuerschulden bezahlt zu haben. Das Einreiseverbot hätte er vermutlich verschmerzen können, würde nicht jedes Jahr in Cheltenham das berühmte Pferderennen stattfinden. Doch eine halbe Million Pfund sind kein Pappenstiel.

Zum Trost kaufte Furlongs Frau Betty zwei Pferde – Illiad und Destriero, die sich schon bald als flinke Rassepferde entpuppten. Illiad gewann als Außenseiter das irische Leopardstown-Rennen. Furlong hatte bei einer ganzen Reihe von Buchmachern ein Vermögen auf das Tier gesetzt. Mit dem Gewinn bezahlte er seine Steuerschulden in England. Damit gab er sich jedoch nicht zufrieden, sondern meldete beide Pferde auch in Cheltenham an. Bis dorthin war der Ruhm der Tiere noch nicht vorgedrungen, so daß die Wetten günstig standen. Furlong verteilte seine Einsätze auf verschiedene englische Buchmacher und – über Mittelsmänner – auch auf deren Filialen in Irland. Als die Buchmacher schließlich den Braten rochen und die Quoten fielen, war es bereits zu spät: Der fünfjährige Destriero gewann, und Furlong sahnte drei Millionen Pfund ab.

Während Pferdewetten eher Männersache sind, ist Bingo eine Domäne der Frauen. Die Bingo-Hallen sind über das ganze Land verteilt. Es lohnt sich durchaus, einmal mitzuspielen – ich kann Ihnen die Halle neben der Dominikanerkirche hinter dem Parnell Square in der Dubliner Innenstadt empfehlen. Dort wird dienstags gespielt. Nach der Abendmesse strömt die Gemeinde aus der Kirche, doch während die Männer zügig den nächsten Pub ansteuern, gehen die Frauen über den Hof der Kirche, überqueren die kleine Gasse und

verschwinden hinter einer Eisentür in der Gemeinde-
halle.

Im Flur hinter der Eisentür befindet sich links ein
kleines Fenster mit einem Tresen, wo die Frauen sich
anstellen, um ein Heft mit zehn verschiedenfarbigen
Blättern zu kaufen. Dieses Heft ist der Schlüssel zum ir-
dischen Glück mit kirchlichem Segen: Die bunten Blät-
ter sind Bingo-Karten. Jede Karte gilt für ein Spiel und
enthält mehrere Kästchen mit je 15 Zahlen zwischen
eins und neunzig. Für 1,50 Pfund gibt es vier Kästchen,
wenn man zwei Pfund anlegt, bekommt man sechs
Kästchen pro Karte. Es geht darum, die vom Spielleiter
ausgelosten Zahlen abzuhaken: Wer zuerst eine komplette Reihe markieren kann, bekommt umgerechnet
25 Mark, für ein ganzes Kästchen gibt es hundert Mark.
Doch damit nicht genug: In der Halle laufen drei Kir-
chenangestellte herum und verkaufen Lose sowie
»Jackpot-Karten« für ein Pfund. Sie enthalten acht
Kästchen, und die Gewinnerin kann den »Jackpot« –
den Superpreis – in Höhe von 150 Pfund einstreichen.

Bingo wurde in Irland von der katholischen Kirche
eingeführt – zum Entsetzen ihrer protestantischen Kollegen. Als die irische Wirtschaft in den sechziger Jahren
vorübergehend boomte, kehrten viele Auswanderer in
die irische Heimat zurück. Um die wachsende Bevölkerung seelsorgerisch adäquat betreuen zu können, mußten neue Kirchen her. Da es in Irland keine Kirchensteuer gibt, beschaffte sich der Klerus einen Teil des
Geldes durch Bingo. Inzwischen ist der Wirtschafts-
boom längst vorbei, die Emigration hat wieder den alten
Stand erreicht, doch die Bingo-Abende sind geblieben.

Jede Kirchengemeinde verwandelt ihre heiligen Hallen einmal in der Woche in eine Spielhölle. Wenn es um Ostern oder vor Weihnachten um besonders hohe Gewinne geht, setzen die Veranstalter Sonderbusse ein, um die Frauen aus den benachbarten Gemeinden heranzukarren. In der Dominikaner-Halle verliert sich eine Handvoll alter Männer. Ihnen habe der Arzt Alkoholverbot erteilt, versichert die Bingo-Kartenverkäuferin glaubwürdig.

Der große Saal ist immer gut gefüllt. Im Obergeschoß befinden sich zwei weitere Räume, die mit der Haupthalle durch eine Gegensprechanlage verbunden sind. Diese Räume sind theoretisch für Raucherinnen vorgesehen, doch in der Haupthalle schert sich niemand um die Verbotsschilder, die an der schmuddelig-gelben Wand hängen. Noch vor Spielbeginn ist die Luft zum Schneiden. Die Frauen sitzen in Gruppen auf ihren angestammten Plätzen und unterhalten sich. Man kennt sich durch jahrelanges Bingo-Spielen, manche gehen jeden Abend zum Bingo in die Gemeindehallen banachbarter Bezirke. Für die meisten ist es ein Zeitvertreib, doch ein paar Frauen nehmen die Jagd nach dem Glück durchaus ernst. Sie haben dünne Holzbrettchen mitgebracht, an denen vier oder fünf Klammern angebracht sind, unter die sie jeweils ein Bingo-Buch klemmen.

Der Spielleiter steht hinter einem viereckigen Kasten, der von weitem an einen Kaugummiautomaten erinnert. An seiner Oberkante ist das Wort »Bingo« elektrisch erleuchtet. Der Kasten hat an der dem Publikum zugewandten Seite ein Fenster, das den Blick auf neunzig bunte Kugeln freigibt. Sobald der Spielleiter das Gerät einschaltet, verstummen die Gespräche schlagartig. Die Kugeln werden eine Weile durcheinandergewirbelt, bis eine Art Rüssel eine der Kugeln nach oben saugt. Dann geht es Schlag auf Schlag. Der Spielleiter fängt die Kugel geschickt auf und verkündet die Nummer. Sekunden später ist schon die nächste Kugel da. Für viele Zahlen gibt es Kosenamen, die eingefleischten Bingo-Spielerinnen ein Begriff sind. Mit »zwei kleine Enten« ist die Nummer 22 gemeint, »zwei dicke Ladies« steht für 66, während die elf eher schlicht »Beine« heißt. Wird die 13 ausgelost, fügt der Spielleiter unweigerlich hinzu: »Manchen bringt sie Pech.« Die Sprüche sind längst zum Ritual geworden, das seit Jahrzehnten in allen Bingo-Hallen praktiziert wird. Die Spielerinnen lauschen konzentriert dem Spielleiter, der wie ein Muezzin Zahl um Zahl ausruft.

Schließlich schreit jemand: *Check!* Sofort setzen die Gespräche wieder ein, die Frauen vergleichen ihre Bingo-Karten. »Ich habe nur noch die zwölf gebraucht, um zu gewinnen«, heißt es dann, während sich der Assistent des Spielleiters einen Weg durch die Stuhlreihen zur Gewinnerin bahnt, ihren Spielschein kontrolliert und den Gewinn auszahlt. Sofort beginnt das nächste Spiel, und die Gespräche verstummen wieder. Nach zehn Runden sind Bühne und Spielleiter nur noch schemenhaft durch die Rauchschwaden zu erkennen. Wenn das letzte Check des Abends gerufen wird, springen alle auf und strömen zum Ausgang. Niemand wartet auf die Überprüfung der Zahlenreihe – Profis machen keine Fehler.

Bei der Wett- und Spielfreude der Iren grenzt es an ein Wunder, daß die Staatslotterie erst Anfang der neunziger Jahre eingeführt wurde. Seitdem träumt die halbe Nation jedes Wochenende vom Lottogewinn. Manche versuchen auch, der Verwirklichung dieses Traumes etwas nachzuhelfen. So wollte ein Syndikat aus 28 Personen kurz nach Einführung der Lotterie sämtliche 1,9 Millionen Zahlenkombinationen spielen. Eine einfache Rechnung, so schien es: Da der Hauptpreis beim Spiel »6 aus 36« seit Wochen keinen Gewinner mehr hatte, war der Topf auf 1,5 Millionen Pfund angewachsen. Ein Spiel kostet fünfzig Pence – für 950 000 Pfund ließen sich also alle Kombinationen abdecken.

Die Lottogesellschaft sorgte bei dem Syndikat jedoch für ungewollten Nervenkitzel. Als man Verdacht schöpfte, schaltete die Gesellschaft nämlich in zahlreichen Annahmestellen kurzerhand den Computer ab, so daß dem Syndikat zum Schluß noch 100 000 Kombinationen fehlten. Der Versuch, einen Anwalt mit einem Koffer voll Geld und ausgefüllten Lottoscheinen kurz vor der Ziehung zur Lotto-Geschäftsstelle zu schicken, schlug fehl: Die Annahme wurde verweigert. Doch schon zwei Minuten nach der Ziehung stürmten 28 Leute aus dem Büro des Syndikats auf die Straße und schwenkten triumphierend den Gewinnschein vor den Kameras von Presse und Fernsehen.

Mitten in die anschließende Siegesfeier platzte dann eine unangenehme Nachricht: Zwei weiteren Spielern war es mit einem Einsatz von fünfzig Pence gelungen, ebenfalls die richtigen Zahlen zu tippen – der Hauptgewinn mußte geteilt werden. Für jeden blieben knapp 570 000 Pfund übrig. Da das Syndikat neben dem Hauptgewinn Hunderte kleinerer Gewinne einstrich, kam man immerhin noch auf 1,3 Millionen Pfund. Auch die Freude darüber blieb nicht ungetrübt: Das Finanzamt verlangte vom Syndikat eine Unternehmenssteuer, da es sich um eine »kommerzielle Vereinigung« gehandelt habe. Schließlich sei durch die Tatsache, daß das Syndikat sämtliche Zahlenkombinationen spielen wollte, das Element des Zufalls ausgeschaltet worden.

Die Lottogesellschaft reagierte auf die »Spielverderber«, indem sie die Zahl der möglichen Kombinationen erhöhte: Statt 36 Zahlen gibt es nun drei mehr.

Reden sie vom selben Land?

Die Iren leben mit der Natur. Das natürliche Gleichgewicht ist noch in Ordnung. Wohltuende Harmonie bis zum Horizont.« Soweit die Werbeschrift der irischen Fremdenverkehrszentrale. Die »Industrie-Entwicklungsbehörde« (IDA) produziert ebenfalls bunte Hochglanzbroschüren. Ob beide Behörden von derselben Insel sprechen, erscheint jedoch zweifelhaft. In den IDA-Heftchen ist von Umwelt keine Rede, von Auflagen zum Schutz derselben erst recht nicht. Es geht vielmehr darum, ausländische Firmen mit Steuererleichterungen, Investitionszuschüssen und laschen Umweltgesetzen nach Irland zu locken.

Die Firmen kommen gerne. Kein Wunder, müssen sie doch bis zum Jahr 2000 nur zehn Prozent Körperschaftssteuer auf die Gewinne zahlen. Außerdem dürfen sie diese Gewinne bis auf den letzten Penny ausführen. Der irische Staat tut ein übriges: Er zahlt die Ausbildung neuer Mitarbeiter und greift den Firmen bei der Anschaffung von Grundstücken, Fabrikgebäuden und Maschinen finanziell unter die Arme. Ein weiterer Vorteil liegt darin, daß die Bruttolöhne in der irischen Industrie nahezu 40 Prozent unter denen in Deutschland liegen.

Obwohl die Subventionen in Milliardenhöhe ein Wirtschaftswachstum ausgelöst haben, müssen immer mehr Menschen stempeln gehen. Die Firmen haben sich nämlich darauf konzentriert, möglichst viele Subventionen und Steuervergünstigungen abzuschöpfen, und den Aufbau einer effizienten Industrie vernachlässigt. Zwischen 1980 und 1990 hat der irische Staat 1,6 Milliarden Pfund ausgegeben, um irische und ausländische Unternehmen zu Investitionen auf der Grünen Insel zu ermutigen. Das Fazit war ernüchternd: Am Ende des Jahrzehnts hatten die einheimischen Unternehmen einen Verlust von 2000 Jobs zu vermelden. Die neuen Niederlassungen ausländischer Firmen konnten zusammen gerade mal 9000 neue Arbeitsplätze schaffen. Mit anderen Worten: Jeder dieser neuen Jobs hat die irischen Steuerzahler rund 230000 Pfund gekostet.

Damit nicht genug: Viele dieser Arbeitsplätze gehen zu Lasten der Umwelt. In Ringaskiddy beispielsweise, einem Industriegebiet bei Cork, explodierte 1993 das chemisch-pharmazeutische Werk der Firma Hickson. Dabei trat eine Wolke unbekannter Schadstoffe aus. Die Feuerwehr, die kurze Zeit später eintraf, war zum Zuschauen verurteilt, weil es kein Löschwasser gab. Hickson hatte seit Jahren sämtliche Auflagen mißachtet. Chemiemüll wurde gnadenlos in die Gewässer und in die Luft geleitet. Während die Firma ihre Verstöße gegen die Lizenzbedingungen intern aufgelistet hatte, waren der Stadtverwaltung in Cork, die für die Überwachung der Anlage zuständig ist, die meisten Fälle gar nicht bekannt. Dort hieß es, daß Hickson im Begriff sei, schrittweise gesetzestreu zu werden. Die örtlichen Umweltschützer glaubten, ihren Ohren nicht trauen zu können: »Das ist dasselbe, als wenn ein besoffener Autofahrer nach einem Unfall davonfährt, nachdem er der Polizei versichert hat, er sei auf dem besten Weg zur Ausnüchterung.« Hickson ist kein Einzelfall. Etwa achtzig ausländische Pharmaunternehmen haben in Irland Zweigwerke errichtet. Die Insel ist von diesem Industriezweig extrem abhängig. Ein Fünftel des Bruttosozialprodukts wird im pharmazeutischen Bereich erwirtschaftet, davon 80 Prozent allein von US-Konzernen. Das Magazin *Multinational Monitor* schrieb, dieser Boom sei parallel zur Verschärfung der Arbeits- und Umweltgesetze in den USA gelaufen. Das habe »die US-Konzerne veranlaßt, ihre Risiken in unterentwickelte Länder wie Irland zu exportieren«.

Es gibt aber auch hausgemachte Umweltprobleme. Landwirtschaftliche Abfälle und Hausmüll sowie unbehandelte Fabrikabwässer verunreinigen jedes Jahr zehn Prozent der Flüsse und Seen. Die für die Strafverfolgung verantwortlichen Bezirksverwaltungen gehören selbst zu den größten Schmutzfinken, da sie die Abwässer der privaten Haushalte meist direkt in die Gewässer einleiten.

Auch wenn die Umweltverschmutzung in Irland längst nicht so weit fortgeschritten ist wie in anderen europäischen Ländern, hat sich die Grüne Insel von dem Ökoparadies, das die Fremdenverkehrszentrale in ihren Broschüren beschwört, seit Anfang der achtziger Jahre immer weiter entfernt. Daran ist freilich nicht allein die Industrie schuld. Das Umweltbewußtsein ist in einem Land, in dem die Arbeitslosigkeit bei über 20 Prozent liegt, verständlicherweise unterentwickelt. So werden Ihnen mitten in der schönsten Landschaft Autowracks begegnen, die ihre Besitzer einfach auf der Uferböschung oder im Wäldchen für die Ewigkeit geparkt haben. In einem abgelegenen Bergsee südlich von Dublin, in dem nach einer Legende Feen wohnen, schwammen tagelang ein Kühlschrank und eine Gefriertruhe einträchtig nebeneinander, bis sie gemeinsam im Wasser versanken. Und selbst der einsamste Strand verwandelt sich über Nacht in eine Müllkippe, nachdem dort eine Handvoll Leute gezeltet hat.

In den Städten ist immer wieder zu beobachten, wie Menschen achtlos ihren Müll auf die Straße werfen. Als der Bretterzaun um den Anna-Livia-Brunnen in Dublins Hauptstraße zur feierlichen Eröffnung abgebaut wurde, entdeckten die geladenen Gäste zahlreiche Fische im Brunnenwasser – allerdings die fritierten Exemplare aus dem benachbarten Schnellimbiß, die von der wählerischen Kundschaft samt Pommes frites über den Zaun geworfen worden waren.

Nur einmal im Jahr, wenn es um die Vergabe des Preises für das sauberste Dorf geht, bricht hektische Betriebsamkeit aus, weil sich der Titel dank steigender Besucherzahlen in klingende Münze verwandeln läßt.

Sollten Sie sich angesichts derartiger Umweltsünden die Haare raufen, lassen Sie sich besser nicht dazu hinreißen, den Iren Vorträge über Naturschutz und Umweltbewußtsein zu halten. Natürlich müssen die Qualmwolken nicht sein, die aus dem Auspuff des Linienbusses quellen, natürlich gehört das verrostete Fahrrad nicht in den Fluß, und natürlich sollten die letzten Hochmoore Europas nicht von Torfstechern zerstört werden. Aber Irland ist nicht das Naturreservat der europäischen Nachbarn, deren Umwelt auf dem Weg in den Wohlstand auf der Strecke geblieben ist.

Die Iren haben in punkto Wohlstand einen Nachhol-

181

bedarf, der in ihren Augen Priorität vor der Erhaltung der Umwelt hat. Wer könnte es ihnen verdenken, zumal Irland ökologisch noch relativ intakt ist. Auf dem Land kommen viele Menschen zum Beispiel nur deshalb über die Runden, weil sie sich aufgrund eines jahrhundertealten Gesetzes den zum Heizen notwendigen Torf kostenlos aus dem Moor holen dürfen – und sei es noch so umweltfeindlich.

Fast ein Drittel der Iren lebt unter der Armutsgrenze. Daran haben auch der Kohäsionsfonds und der Strukturfonds der Europäischen Union nichts ändern können. Ziel dieser Töpfe ist es, die Schere zwischen armen und reichen EU-Ländern zu verringern. Doch der gute Wille Brüssels – er sei einmal unterstellt – reicht allein nicht aus. Die offiziellen Zahlen belegen, daß die Gelder seit Einrichtung der Fonds im Jahre 1989 zu einer Verschärfung der sozialen Ungleichheit innerhalb Irlands geführt haben. Hauptursache dafür ist der Status der Grünen Insel: Neben Griechenland ist Irland in vollem Umfang als »Ziel-eins-Region«, also als besonders benachteiligtes Gebiet eingestuft. Über die Vergabe der irischen EU-Gelder entscheidet aufgrund des zentralistischen Regierungssystems ausnahmslos Dublin. Der Westen der Insel, eine der strukturschwächsten Regionen Europas, darf dabei nicht mitreden.

Die Folge ist, daß die Arbeitslosigkeit dort überproportional angestiegen ist. Selbst unter Berücksichtigung der europaweiten Rezession spricht die Statistik eine deutliche Sprache: Anfang der neunziger Jahre ist die Arbeitslosigkeit in Westirland innerhalb von drei Jahren um sechs Prozent gestiegen – gegenüber zwei Prozent im Osten der Insel. Landesweit stieg die Arbeitslosigkeit im selben Zeitraum von 17,9 auf 22 Prozent, im EU-Durchschnitt dagegen nur um ein halbes Prozent auf neun Prozent.

Am stärksten ist davon die irische Landwirtschaft betroffen. Obwohl dieser Sektor 70 Prozent aller irischen EU-Gelder kassiert, wurden dort 28 Prozent der Arbeitsplätze vernichtet. Auch die Preissubventionen, die immerhin 1,5 Milliarden Pfund im Jahr ausmachen, konnten das nicht verhindern. Den Löwenanteil – nämlich 80 Prozent – teilt das Fünftel der reichen Großfarmer unter sich auf. Für die Entwicklung der ländlichen Regionen stehen nicht mal fünf Millionen Pfund zur Verfügung.

In anderen Bereichen ist die Situation nicht besser. So hat die irische Regierung 45 Prozent der Gelder aus dem regionalen Entwicklungsfonds für den Transportsektor bereitgestellt. Drei Viertel davon werden in den Straßenbau gepumpt. Die Arbeitslosen und Einkommensschwachen profitieren nicht einmal mehr von dem restlichen Viertel für den »öffentlichen Transport«. Unter diesen Begriff fällt nämlich die Verbesserung der Luft- und Seewege, wofür 22,3 Prozent vorgesehen sind. Es bleiben also lächerliche 2,7 Prozent für Bus und Bahn. Wie verfehlt diese Ausgabenpolitik ist, veranschaulicht eine Regionalstatistik: Im westirischen Connemara leben sämtliche alleinstehenden Rentner mindestens anderthalb Kilometer von der nächsten Bushaltestelle entfernt, jedoch besitzen nur zehn Prozent von ihnen ein Auto.

Und auch der Europäische Sozialfonds lindert keineswegs die soziale Ungleichheit. Keine zehn Prozent davon werden in die Ausbildung von Schulabgängern

ohne Qualifikationen investiert. Für die Weiterbildung
von Langzeitarbeitslosen gibt der Staat magere anderthalb Prozent aus. Ein Drittel der Summe wird dagegen
für die Fortbildung im High-Tech-Bereich abgezweigt,
um die weltweite Konkurrenzfähigkeit der EU-Arbeits-
kräfte zu sichern. Über dreihundert Unternehmen produzieren in diesem Industriezweig, und die IDA träumt
bereits von Irland als neuem High-Tech-Zentrum Europas. Die Genossenschaft der irischen Gemeindearbeiter
stellte demgegenüber resigniert fest: »Der Europäische
Sozialfonds trägt zur sozialen Ungleichheit bei, statt sie
zu reduzieren, wie es zu erwarten wäre.«

Es kann nur noch schlimmer werden. Bis zur Jahrtau-
sendwende werden 25 000 Menschen pro Jahr auf den
Arbeitsmarkt strömen. Dem steht ein Angebot von
3800 Jobs gegenüber, wenn man den Durchschnitt der
vergangenen Jahre zugrunde legt. Das traditionelle Ven-
til der Auswanderung versagt aufgrund der Wirtschafts-
misere und der verschärften Einwanderungsbedingun-
gen in Großbritannien, den USA, Kanada und Australien zunehmend. Über 30 000 Iren versuchen es dennoch
jedes Jahr. Es sind inzwischen vor allem junge Fach-
kräfte, die die Insel verlassen: Ein Fünftel der Hoch-
schulabsolventen wandert innerhalb weniger Monate
nach dem Examen aus. Wie gering das Vertrauen in die
von der Regierung versprochene »nationale Erholung«
ist, zeigt sich jedesmal, wenn die USA von Zeit zu Zeit
eine Handvoll Einwanderungsvisa zur Verfügung stellen. Sofort bilden sich riesige Menschenschlangen vor
der US-Botschaft in Dublin – trotz der Industrieansied-
lungspolitik der IDA.

In Nordirland hatte der Konflikt die industrielle Entwicklung behindert, da multinationale Konzerne vor Investitionen zurückschreckten. Laut einer Umfrage erachteten viele Firmen politische Stabilität als wichtigstes Entscheidungskriterium für ihre Auslandsinvestitionen. Jobs in ausländischen Firmen machten lediglich 15 Prozent aller nordirischen Arbeitsplätze aus. Nordirland litt unter den schlechtesten wirtschaftlichen und sozialen Bedingungen im gesamten Vereinigten Königreich, die Arbeitslosigkeit überschritt die Durchschnittsrate um mehr als das Doppelte. Aber manche profitierten auch von dem Konflikt: Während zwischen 1973 und 1990 ein Viertel aller Arbeitsplätze in der Industrie vernichtet wurde, stieg im ganzen Zeitraum die Zahl der Beamten: Arbeitete 1971 noch ein Viertel aller Beschäftigten für den Staat, so waren es 1993 bereits 36 Prozent, die Mehrheit davon Protestanten. Der Beamtenapparat verschlingt pro Kopf der Bevölkerung etwa 40 Prozent mehr als im landesweiten Durchschnitt – Polizei und Armee noch nicht einmal eingerechnet.

Die nordische Mittelschicht hat bei einer Lösung des Konflikts und der Normalisierung der Situation denn auch am meisten zu verlieren. Polizisten gehörten zu den größten Kriegsprofiteuren. Beamte mit zehn Jahren Berufserfahrung kamen mit Überstunden und Gefahrenzulage leicht auf 30 000 Pfund im Jahr, das ist weit mehr, als ihre Kollegen in Großbritannien verdienen. So sehen sie den IRA-Waffenstillstand mit gemischten Gefühlen. »Ich kann mich bei der IRA für meinen Sportwagen bedanken«, sagte einer von ihnen, »wenn der Frieden sich als dauerhaft erweisen sollte, muß ich den Gürtel enger schnallen.« Sollte die Zahl der Polizisten auf den britischen Durchschnitt heruntergeschraubt werden, müßten bis zu 6000 Beamte ihren Hut nehmen.

Neben dem staalichen Sektor blühte auch die private Sicherheitsindustrie in Konfliktzeiten auf: Alarmanlagen, Überwachungskameras, Panzerglas, Fenstergitter und gepanzerte Türen – diese Bereiche hatten die größten Wachstumsraten in Nordirland zu verzeichnen. Im Sicherheitsbereich arbeiteten 1994 ebenso viele Menschen wie in der Industerie. Hinzu kamen die Berufssparten, die indirekt vom Konflikt profitierten: Glasereien, Bauunternehmen, Rechtsanwälte. Sie hatten bereits seit Ende 1993 den Rückgang der Gewalt am Geldbeutel zu spüren bekommen. »Vor zwei Jahren hatte ich ausschließlich Fälle, die mit der politischen Situation zusammenhingen«, sagte der Anwalt Barra McGrory nach Verkündigung des Waffenstillstands, »heute ist es noch die Hälfte.«

Graham Gudgin, der Direktor des Nordirischen Wirtschaftsinstituts, rechnet damit, daß etwa 20 000 Jobs verlorengehen werden. »Langfristig sind zwar 20 000 bis 25 000 neue Arbeitsplätze zu erwarten, die Hälfte davon jedoch im Tourismus«, sagte er. »Diese Jobs sind traditionell schlecht bezahlt und keineswegs ein direkter Ersatz beispielsweise für Stellen bei der Polizei.« Während die Tourismusindustrie in der Republik Irland sechs Prozent zum Bruttosozialprodukt beiträgt, sind es in Nordirland lediglich zwei Prozent. Von 60 000 Besuchern, die 1993 mit dem staatlichen südirischen Busunternehmen CIE Tours nach Irland kamen, haben nur 2500 den Sprung über die Grenze gewagt.

1978 mußte der damalige Direktor des nordirischen Fremdenverkehrsamtes, Robert C. Hall, zugeben: »Bei dem Titel für das unbeliebteste Reiseland der Welt liegen wir mit Uganda gleichauf an letzter Stelle.« Sein Nachfolger Hugh O'Neill ist seit dem Waffenstillstand optimistisch. Er prophezeit, daß die Zahl der Touristen innerhalb von drei bis fünf Jahren um 40 Prozent steigen könnte, vorausgesetzt, der Friede erweist sich als dauerhaft. Hilton International hat am 31. August 1994, dem Tag der Verkündung des Waffenstillstands, bekanntgegeben, daß in Belfast ein Luxushotel mit 187 Zimmern und Arbeitsplätzen für 200 Menschen entstehen solle. Geschätzte Baukosten: 17 Millionen Pfund. Das derzeit einzige Luxushotel im Zentrum der nordirischen Hauptstadt, das Europa-Hotel, hält einen traurigen Rekord: Es ist das Gebäude, das die meisten Bombenanschläge der Welt über sich ergehen lassen mußte – nämlich rund vierzig.

Auch Michael Smyth, Wirtschaftsdozent an der New University of Ulster, sieht hoffnungsvoll in die Zukunft. Er ist überzeugt, daß die britische Regierung das Geld, das sie im Sicherheitsbereich einspart, anderweitig in die nordirische Wirtschaft stecken wird. Hinzu kommen Privatinvestitionen sowie Mittel, die von der Europäischen Union und der US-Regierung zugesagt worden sind, so daß die Zahl der Arbeitslosen nach Smyths Einschätzung um 60000 gesenkt werden kann. Den Einwand, daß das Verteidigungsministerium wegen der Haushaltskürzungen ohnehin 40000 Soldaten zu Zivilisten machen müsse und ausländische Investoren in Großbritannien immer noch mit einer größeren Rendite als in einem friedlichen Nordirland rechnen könnten, läßt Smyth nicht gelten. »Es werden sehr schwierige Anpassungen nötig sein«, räumt er ein, »aber am Ende muß die Friedensdividende einfach größer sein als der Multiplikationseffekt der Subventionen.«

Schon Hermann Pückler-Muskau hatte erkannt, daß Investoren in Irland ein Paradies vorfinden – besonders, was die Arbeitskräfte betrifft: »Die Bedürfnisse dieser Leute sind gering; Torf zum Feuern dürfen sie holen, wo es ihnen gutdünkt, Gras für ihre Kühe ebenfalls in den Sümpfen, und Fische zur Nahrung liefert ihnen das Meer mehr, als sie bedürfen. Für den mit Schaffungslust ausgerüsteten Besitzer eröffnet sich hier ein unerschöpfliches Feld. Wäre ich ein Kapitalist, hier ließe ich mich nieder.« Das schrieb der Lausitzer Adlige nach einer Irlandreise im Jahr 1828. Irlands Politiker setzen heute verstärkt auf den Tourismus. Doch dazu mehr im nächsten Kapitel.

Interpretation ist die Rache
des Intellekts

Auf den ersten Blick wird Ihnen die Gegend wie eine Mondlandschaft vorkommen: graue Steinhügel und helle Kalksteinplatten, so weit das Auge reicht. Der Name dieses Gebiets im Westen Irlands scheint es treffend auszudrücken: Burren – vom irischen Wort *boireann*, was »felsiger Ort« bedeutet. Schon Oliver Cromwells Offiziere behaupteten vom Burren: »Zuwenig Bäume, um einen aufzuhängen, zuwenig Wasser, um einen zu ersäufen, zuwenig Erde, um einen zu verscharren.«

Fahren Sie nicht daran vorbei! Beim genauen Hinsehen entdecken Sie eine landschaftliche Vielfalt, die einmalig in Europa ist. In dem knapp tausend Quadratkilometer großen Gebiet wachsen Anemonen, Moose, Klee, Zwergrosen, Kreuzblumen, Veilchen, Enzian, Schlüsselblumen und Orchideen. Pflanzen aus dem Mittelmeerraum, aus den Alpen und der Arktis gedeihen einträchtig nebeneinander. Ein besonderes Phänomen sind die Senken, die im Winter von unterirdischen Quellen geflutet werden und im Sommer austrocknen. Die ökologisch hochsensible Karstlandschaft hat sich vor 350 Millionen Jahren, in der Karbonzeit, gebildet. Geologisch gesehen ist das Gebiet also relativ jung. Vor 15 000 Jahren haben dann Gletscher den Burren mit tiefen Spalten durchfurcht. Als das Eis zurückwich, blieben die Felsbrocken, aber auch Erde und Samen aus arktischen Regionen zurück.

Im Burren Display Centre in Kilfenora am Rande des Burren können Sie sich über die Geschichte der Landschaft und ihre Besonderheiten informieren. Die irischen Tourismusstrategen verfolgen ehrgeizigere Pläne. Um das Gebiet besser vermarkten zu können, wollten sie ein weiteres »Interpretationszentrum« nach Mullaghmore mitten in den Burren setzen. Eine breite Zufahrtstraße und ein geräumiger Parkplatz sollten dafür sorgen, daß Besucher von der Theorie – der Filmvorführung im Zentrum – sogleich zur Praxis – einem Spaziergang durch den Burren – schreiten konnten.

Der Traum wurde Anfang 1993 jäh unterbrochen. Schuld daran war das Urteil eines Dubliner Gerichts: Richter Costello entschied, daß das Amt für öffentliche Bauten, das seine Interpretationszentren am liebsten in jedem Winkel der Insel errichten würde, wie jeder andere Bauherr auch eine Baugenehmigung benötigt und darüber hinaus durch kein Gesetz ermächtigt ist, irgendwelche Bauaufträge zu vergeben. Der Richter zweifelte sogar die Existenzberechtigung des Amts an. Er bezeichnete es als »veraltete Verwaltungsmaschine«, die Funktionen ausüben solle, für die sie gar nicht eingerichtet sei. Costello setzte mit seinem Urteil freilich keinen Schlußpunkt unter den Streit zwischen dem Amt und den Umweltschützern von der Burren Action Group, der bis dahin zwei Jahre lang verbissen ausgetragen worden war.

Das Amt für öffentliche Bauten nahm den Gerichtsentscheid nämlich keineswegs hin: Im November 1993 legte man die Pläne für die Interpretatioszentren in Luggala in der Grafschaft Wicklow, in Donore im Boyne-Tal und in Mullaghmore einfach in leicht abgewandelter Form erneut vor, um wenigstens den Schein demokratischer Spielregeln zu wahren. Im Frühjahr 1995 aber machte das Gericht dem Tauziehen ein Ende. Es erließ einen endgültigen Baustopp für Mullaghmore und Luggalla. Die bereits errichteten Teile mußten wieder abgerissen werden. Die Starrköpfigkeit des Amts für öffentliche Bauten hat die europäischen Steuerzahler Millionen gekostet: Die Projekte – und der Abriß – wurden zu 70 Prozent aus EU-Mitteln finanziert.

Die Behörde hatte sich aus einem einfachen Grund für Mullaghmore als Standort entschieden: Der Staat besitzt dort achthundert Hektar Land, die ursprünglich den Kern eines Nationalparks bilden sollten. Damit wollte man »unsensible Bauprojekte« verhindern. Indem man das Gelände, wo das Pflücken von Blumen übrigens streng bestraft wird, dem Amt für öffentliche Bauten überließ, machte man den Bock zum Gärtner. Das Amt war – ebenso wie die staatliche Baubehörde – stets bemüht, vollendete Tatsachen zu schaffen, bevor Proteste den Beamten einen Strich durch die Rechnung machen konnten.

Bereits 1963 fiel ein georgianischer Straßenzug in der Dubliner Innenstadt dem abgrundhäßlichen Verwaltungsgebäude der Elekrizitätsgesellschaft zum Opfer. Das war jedoch erst der Auftakt: Seitdem haben Baulöwen und Bodenspekulanten mit Hilfe ihrer beamteten Komplizen in der Innenstadt ein Werk der Verheerung angerichtet. Anfang der neunziger Jahre schließlich begann man langsam, die Bedeutung des architektonischen Erbes zu erkennen. Wichtige Gebäude wurden restauriert, das Hugenottenviertel Temple Bar wurde zu einem Zentrum alternativer Kunst und Kultur ausgebaut, und auch am Liffey-Ufer, einer noch in den siebziger Jahren intakten innerstädtischen Promenade, entstanden neue Gebäude. Nach wie vor aber prägen abbruchreife Steinhülsen, Brachland und durch Kahlschlagsanierung entstandene Parkplätze neben den sehenswerten historischen Bauwerken das Stadtbild. Der Dubliner Rockmusiker Bob Geldof klagte: »Die Zerstörung Dublins ist eine furchtbare Barbarei, das Werk von Gierigen, Korrupten, Dummen, Einfallslosen, Mittelmäßigen, Geschmacklosen, Vulgären – aber primär das Werk von Gleichgültigen.«

Der traurige Höhepunkt kam im Jahr 1978. Bei den Aushubarbeiten für zwei Büroblöcke der Dubliner Stadtverwaltung am Ufer der Liffey stießen die Bauarbeiter auf ein altes Wikingerdorf. Die Entdeckung erregte internationale Aufmerksamkeit, handelte es sich doch um den bis dahin bedeutendsten Fund aus der Wikingerzeit. Ein Gericht stellte das Wood-Quay-Gelände auf Antrag der damaligen Rechtsanwältin und heutigen Staatspräsidentin Mary Robinson unter Denkmalschutz. Nur wenige Wochen später gab das Amt für öffentliche Bauten heimlich die Anweisung, das neue Denkmal zu zerstören. Als im September 1978 mehr als 20 000 Menschen für die Erhaltung Wood Quays demonstrierten, war die Entscheidung längst hinter verschlossenen Türen gefallen. Die Stadtverwaltung hatte bereits einen Bauvertrag über 6,7 Millionen Pfund unterzeichnet und drohte, sie werde die Stadträte persönlich haftbar machen, sollte der Bau gestoppt werden.

Um dem Zynismus die Krone aufzusetzen, ließ die Verwaltung nur einen Steinwurf von Wood Quay entfernt ein »originalgetreues Wikingerdorf« im beheizten Saal nachbauen.

Der Fall Wood Quay weist zahlreiche Parallelen mit Mullaghmore auf. Auch im Burren stand viel Geld auf dem Spiel, da der Staat vor der Gerichtsentscheidung drei Millionen Pfund in das Projekt investiert hatte. Die Europäische Union hatte die Deckung von 75 Prozent der gesamten Baukosten zugesichert. Ungeachtet einer Resolution des Europarats, in der er 1992 die Erhaltung des Gebietes forderte, genehmigte die Europäische Kommission wenige Monate später den Bau des Besucherzentrums. Sie akzeptierte den »Umwelt-TÜV« der irischen Regierung und machte nur geringe Auflagen. Die Naturschutzorganisation An Taisce warf der Kommission deshalb vor, sie habe politischem Druck nachgegeben und ihre eigenen Richtlinien ignoriert, wonach Projekte, die aus dem Strukturfonds finanziert werden, mit der EU-Umweltpolitik im Einklang stehen müssen.

Tourismus gehört zu den wichtigsten Einnahmequellen der Grünen Insel, sein Anteil am Bruttosozialprodukt beläuft sich auf sieben Prozent. Nach Aussage von Martin Dully, dem Vorsitzenden der irischen Fremdenverkehrszentrale, sind 37 Prozent aller neuen Arbeitsplätze seit 1988 dem Tourismus zu verdanken. Allerdings, und das verschweigt Dully, sind viele dieser Jobs schlecht bezahlt und saisonabhängig.

Im Fünfjahresplan von 1987 setzte sich die Regierung das Ziel, die Zahl der Touristen in diesem Zeitraum zu verdoppeln. 1990 war das bisher erfolgreichste Jahr: 3,069 Millionen Menschen kamen nach Irland – fast eine

— 193 —

Million mehr als noch 1988. Seitdem ist die Zahl wieder um 2,3 Prozent gefallen, doch sind die Einnahmen aus dem Tourismus gleichzeitig um 7,3 Prozent gestiegen. Die Regierung zog die Lehre aus dieser Statistik: Der neue Fünfjahresplan zielt weniger auf die Besucherzahl ab, die zwar ebenfalls steigen soll, als auf das Geld, das die Touristen ausgeben. 1992 waren es 910 Millionen Pfund. Der irische Staat möchte, daß Sie künftig tiefer in die Tasche greifen: Bis 1997 soll der Betrag auf 1,465 Milliarden Pfund steigen. Dadurch, so hofft man, werden 35 000 neue Jobs geschaffen.

Wenn Sie irische Vorfahren haben, können Sie noch auf andere Weise zum Aufschwung beitragen: Irland hat in jeder Grafschaft ein »Zentrum für Familiengeschichte« eingerichtet. Jedes Jahr gehen dort 15 000 Anfragen ein. Beratungen kosten umgerechnet dreißig bis fünfzig Mark, für einen »kompletten Service« müssen Sie zweihundert Mark hinblättern.

Wozu das Ganze? Während die Emigranten, die im vergangenen Jahrhundert vor Hungersnot und Armut flohen, ihre Herkunft zu vertuschen suchten und sich möglichst schnell einen US-amerikanischen Akzent zulegten, gilt es heute offenbar als exotisch, einen irischen Großonkel vorweisen zu können. Zuweilen gibt es auch handfeste ökonomische Gründe: Manche Heimkehrer bringen gleich einen Rechtsanwalt mit, um sich das Grundstück des verstorbenen Halbvetters unter den Nagel zu reißen. Der eine oder andere Unternehmer benutzt die Oma aus Dublin oder den Opa aus Cork gar als Hintertür in die Europäische Gemeinschaft. Wer nämlich einen irischen Großelternteil nachweisen kann, hat das Recht auf einen irischen Paß.

Die meisten aber haben harmlose Motive. Vor allem US-Amerikaner geben ein Vermögen aus, um ihre Wurzeln zu finden. Auf den Transatlantikflügen nach Shannon steckt die Werbung der konkurrierenden genealogischen Firmen in den Sitztaschen, um die McSonstwies und O'Nochwas aus USA mit einem lupenreinen Stammbaum zu ködern, der bis zum Wikingerchef Ivarr dem Knochenlosen zurückreicht. Der Kreis der potentiellen Kunden ist groß, es gibt weltweit angeblich siebzig Millionen Menschen irischer Abstammung. Darunter sind übrigens einige US-Präsidenten, die sich in Wahlkampfzeiten regelmäßig auf ihre Wurzeln besinnen und dem (Urgroß-)Vaterland einen Besuch abstatten, weil man damit die Stimmen der US-Iren einfangen kann. Nach Ronald Reagans Visite in seinem »Heimatdorf« Ballyporeen wurde die örtliche Kneipe in Ronald-Reagan-Bar umgetauft. Böse Zungen behaupten, seitdem schmecke das Guinness dort wie Coca Cola.

Nun ist der Fünfjahresplan der irischen Tourismusindustrie nicht auf US-Präsidenten ausgerichtet, sondern auf Menschen wie Sie: Die jährliche Touristenzahl soll bis 1997 die 4,8-Millionen-Marke erreichen. Schon 1993 verfehlte man allerdings das hochgesteckte Ziel. Schuld daran war vor allem der US-Markt. Die irische Fremdenverkehrszentrale hatte ursprünglich mit zehn Prozent mehr Besuchern vom anderen Atlantikufer gerechnet. Statt dessen stagnierte die Zahl bei rund 375000.

An der Spitze liegen nach wie vor die Briten mit knapp 1,8 Millionen Besuchern im Jahr. Die Zahl der deutschen Irland-Urlauber stieg 1993 im Vergleich zum Vorjahr dagegen um 35000 auf gut 265000, doch insgesamt lag das Touristenaufkommen mit 3,27 Millionen nur unwesentlich über dem Vorjahresstand. Nach Nordirland kamen 1993 nur 540000 Menschen – 10000 weniger als 1992. Setzt sich dieser Trend fort, wird es auch nicht die angepeilten 35000 neuen Jobs geben. Noch sind die Strategen optimistisch.

Die Umsetzung des Fünfjahresplans geschieht natürlich nicht von selbst. Da Irland seine Besucher nicht mit Sonne und Strand anlocken kann, hat die Tourismusindustrie das kulturelle und historische Erbe zum Angelpunkt ihrer Taktik gemacht. Darunter fallen die Nationaldenkmäler, die von etwa 4,5 Millionen zahlenden Gästen im Jahr besucht werden, ebenso Burgen und Landsitze sowie nicht zuletzt die landschaftlichen Reize. Erschwerend wirkt sich aus, daß die Landesgeschichte furchtbar kompliziert ist und von Invasionen, fehlgeschlagenen Aufständen und blutigen Schlachten geradezu strotzt. Für Touristen ist das schwer durchschaubar, fürchten die Experten. Deshalb beauftragte die Fremdenverkehrszentrale 1990 eine englische Beratungsfirma mit der Entwicklung einer Strategie.

Die Berater, die binnen einer Woche 110 Orte von touristischer Bedeutung aufsuchten, kamen zu dem Ergebnis, daß Irlands Erbe rationalisiert werden müsse, damit es Ihnen, den Besuchern, in leicht verdaulichen Häppchen verabreicht werden könne. Sie schlugen vor, Irlands Profil in fünf große Schubladen zu unterteilen: Landschaft, Kampf ums tägliche Brot, Religion, Streben nach Unabhängigkeit und »irische Seele«. Jede dieser Schubladen umfaßt ein halbes Dutzend Fächer. Das Thema »Landschaft« zum Beispiel gliedert sich in Land und Meer, Berge und Hochebenen, Klippen und Höhlen, Moore und Sümpfe, Flüsse und Seen sowie Pflanzen- und Tierwelt. Nur solche Projekte, die in dieses Schema hineinpassen, werden staatlich gefördert.

Nun gerät gerade die Landschaft, eine der wichtigsten Attraktionen für ausländische Besucher, mehr und mehr ins Hintertreffen. Schuld daran sind verschiedene Faktoren: allerorten Golfplätze, die manchmal mitten in einem Nationalpark angelegt sind, intensive Landwirtschaft, Feriendörfer, die wie Pilze aus dem Boden schießen und im Winter leerstehen, die architektonisch scheußlichen Bungalows, von denen allein in den achtziger Jahren 95 000 Stück gebaut wurden, das extensive Programm für Straßenverbreiterungen, das zum Großteil von der EU finanziert wird, und schließlich die explosionsartige Ausweitung der Schafhaltung.

Kein Fotoband über Irland, kein Werbeprospekt der irischen Fremdenverkehrszentrale und kein Dokumentarfilm ohne eine Herde harmloser Schafe, die friedlich auf grüner Weide grasen. Das Bild trügt. In Wirklichkeit fressen die niedlichen Horntiere die Grüne Insel langsam, aber sicher kahl. »Intensives Grasen führt zur Vernichtung von Heidekraut, Gräsern und Moos«, heißt es in einem Bericht der Universität Galway, »die flachen Wurzeln sind den tobenden Elementen und dem Getrampel von Millionen Schafen hilflos ausgeliefert. Das Ergebnis ist unweigerlich eine Erosion des Bodens.« Die Partry-Berge, die Twelve Pins und die Maamturk-Berge in den westirischen Grafschaften Galway und Mayo sind besonders von den wollenen Schädlingen bedroht.

Innerhalb von nur fünf Jahren hat sich die Zahl der Schafe auf knapp neun Millionen verdoppelt – bei 3,5

Millionen Einwohnern in der Republik Irland. Die Zahl der Zippen – das sind die Mutterschafe – hat sich im selben Zeitraum gar verdreifacht. Finanziert wird die Schafplage von der Europäischen Union. 1991 erhielten Irlands Schäfer Kopfprämien in Höhe von insgesamt 61,5 Millionen Pfund. Die Kürzung der Brüsseler Prämien im darauffolgenden Jahr quittierten die erbosten Schäfer mit der größten bäuerlichen Demonstration seit Jahren. Sie hatten ein sechs Meter hohes Holzschaf auf Rädern nach Dublin mitgebracht – eine deutliche Warnung, daß die widerstandsfähigen Stummelschwänze vor der Hauptstadt nicht haltmachen würden, falls man sich ihnen nicht füge.

Die Polizei, die das gehörnte Ungetüm offenbar für ein Trojanisches Pferd hielt, hatte strengste Sicherheitsvorkehrungen getroffen. Nur zu gut erinnerte man sich an eine frühere Demonstration, als die wütenden Bauern Dutzende von Schafen in das Landwirtschaftsministerium getrieben und dort ein Chaos angerichtet hatten. Die Beamten, die bis dahin nur auf dem Papier mit den Tieren konfrontiert waren, klagten wochenlang über einen bestialischen Gestank.

Zurück zum Tourismus und dem umfangreichen Straßenbauprogramm. Die Frage ist, ob Sie – die umworbenen Feriengäste – unbedingt begeistert davon sind, wenn die Insel zunehmend europäisiert und von Autobahnen überzogen wird. Bei der Bevölkerung und der Lokalverwaltung vor Ort stoßen Straßenbau, Golfplätze und Interpretationszentren auf wenig Kritik, weil sie sich davon Einnahmen und Arbeitsplätze für die jeweilige Region erhofft. Die Entwicklungspläne der Tourismusindustrie sind kurzsichtig. Sie setzen auf das schnelle Pfund und ignorieren langfristige und möglicherweise irreparable Schäden. Ciaran O'Connor, einer der wenigen kritischen Köpfe im Amt für öffentliche Bauten, warnt, dadurch werde Kultur zur Ware degradiert und »die Touristen wie Würstchen auf einem Fließband verarbeitet«.

Der weltweite Trend in Richtung Kunstwelten hat auch Irland erfaßt. »Celtworld« im Süden des Landes ist eine elektronische Peepshow, die Einblick in die Welt der Kelten gewähren soll. Im Nationalpark Ferrycraig in der Grafschaft Wexford hat man eine normannische Verteidigungsanlage nachgebaut, gleichzeitig wurde jedoch in der benachbarten Grafschaft Kilkenny eine echte normannische Verteidigungsanlage plattgewalzt. Und Tony Christopher von der US-amerikanischen Unterhaltungsfabrik Landmark in Hollywood schwebt vor, eine Art Mini-Disneyland zu bauen, das auf Finn Mac-Cool, dem Helden aus der irischen Mythologie, basiert.

Obwohl man in Irland noch nicht so weit ist wie in Wales, wo der Kurort Llandrindod in einen viktorianischen Themenpark verwandelt werden soll, in dem die Bewohner während der Touristensaison viktorianische Kostüme tragen, kann die Insel immerhin schon »Themenstädte« vorweisen. Sie sind Teil des Fünfjahresplans und müssen ebenfalls in das Schubladensystem passen. Für die Verleihung des Titels reicht es nicht aus, daß die betreffende Stadt über eine traditionsreiche Vergangenheit verfügt, sie muß diese auch zur Schau stellen. Das beschränkt sich in der Regel darauf, die Plastikgeschäftsfronten in den Einkaufsstraßen durch neotraditionelle Fassaden zu ersetzen, während die erhaltenswerten alten Gebäude mangels Geld verfallen. Irland ist das einzige EU-Land, das die Erhaltung oder Restauration historischer Gebäude in Privatbesitz nicht subventioniert.

Statt dessen fließt viel Geld in die Interpretationszentren, von denen etwa fünfzig Stück geplant sind. Diese Einrichtungen schnüren nicht nur Kultur, Geschichte und Landschaft in kleine Päckchen, sie filtern auch die sinnlichen Erfahrungen und lenken sie in geordnete Bahnen. Susan Sontag schrieb bereits vor dreißig Jahren: »Interpretation ist die Rache des Intellekts an der Welt. Zu interpretieren heißt die Welt auszusaugen und zu entleeren – um eine Schattenwelt der Bedeutungen zu schaffen.« Und der irische Journalist Fintan O'Toole erinnert an Jorge Luis Borges' Geschichte vom Herrscher, der, von der Vorstellung einer detaillierten Landkarte seines Reiches besessen, eine Karte im Maßstab 1:1 herstellen läßt, unter der das gesamte Land verschwindet. »Wir können in Irland noch eine Verfeinerung anbieten«, sagt O'Toole. »Wenn die Karte über die Landschaft ausgebreitet ist, bauen wir darauf ein paar Interpretationszentren, damit wir Besuchern die Bedeutung erklären können.«

It's a soft day, isn't it?

Irland, bekannt für seine trockenen, heißen Sommer, ist inzwischen viertgrößter Weinexporteur Europas. Am Fuß der Weinberge im Süden Irlands ziehen sich ausgedehnte Mais-, Flachs- und Sonnenblumenfelder hin. Der Import von Südfrüchten und exotischem Gemüse ist deutlich zurückgegangen – Irland ist praktisch Selbstversorger. Die Hotelkomplexe entlang den Stränden an der Westküste sind von Mai bis September mit sonnenhungrigen Touristen aus dem Ausland belegt. Dichte Wälder im Hinterland laden zu Wanderungen ein.

Das ist natürlich gelogen – oder genauer: Es ist eine Zukunftsvision. Das optimistische Bild von Irland im Jahr 2030 zeichneten irische Meteorologen, Zoologen, Umweltbiologen sowie Experten für Land- und Forstwirtschaft 1992 in einem gemeinsamen Bericht. Die Wissenschaftler gehen davon aus, daß die durchschnittliche Temperatur in Nordeuropa in den nächsten vierzig Jahren um zwei Grad steigen wird. Die Niederschlagsmenge wird im Winter bis zu zehn Prozent zunehmen, im Sommer jedoch um ebensoviel zurückgehen. Die irische Landwirtschaft wird laut Expertenteam überdurchschnittlich von den klimatischen Veränderungen profitieren, da die Produktionskosten beträchtlich sinken werden: Die Verlängerung der Saison erlaube es, viele Viehweiden in Ackerland umzuwandeln, und die teuren Nitrogen-Düngemittel gehörten dann der Vergangenheit an.

Natürlich hat diese schöne neue Welt ihren Preis. Weite Teile Dublins und der tiefergelegenen Landesteile werden in den Fluten versinken, da der Meeresspiegel um etwa 18 Zentimeter steigen wird. Davon sind 2,5 Prozent der Landesfläche betroffen – besonders die Küstenstreifen im industrialisierten Osten, an denen heute mehr als eine Million Menschen leben. Auch die berühmten Torfmoore werden leiden, wenn der Regen im Sommer ausbleibt. Insgesamt, so glauben die Wissenschaftler, werden jedoch die Vorteile überwiegen – falls sich die irischen Bauern dazu durchringen, neue Produkte anzubauen, statt einfach nur die Kartoffelernte ins Unermeßliche zu steigern.

Wenn Sie also den weichen irischen Landregen erleben möchten, müssen Sie sich beeilen, bevor Irland zum Mallorca des Nordens wird. Ob die Wissenschaftler recht behalten, ist aber keineswegs sicher. Noch bestätigt das Wetter jedenfalls sämtliche Vorurteile, die Sie vermutlich über den irischen Sommer hegen. Schließlich heißt es in den deutschen Fernsehnachrichten mehrmals in der Woche: »Von Irland zieht ein Tiefausläufer nach Deutschland.« Dafür können Sie die Iren freilich nicht verantwortlich machen. Die haben es selbst noch nicht gelernt, mit ihrem Wetter zu leben.

Man kann sich des Eindrucks nicht erwehren, daß die Iren jedesmal aufs neue überrascht sind, wenn es zu regnen anfängt. Manche halten sich eine Zeitung oder eine Einkaufstasche über den Kopf, andere suchen unter

Bäumen oder in Geschäften Zuflucht, doch die meisten tun so, als sei nichts geschehen: Sie laufen seelenruhig weiter durch den Regen. Schirme sieht man selten. Ob das mit dem unerschütterlichen irischen Optimismus zusammenhängt oder damit, daß Schirme bei den häufig starken Winden einfach nutzlos sind, ist schwer zu sagen. Bemitleidenswert sind die Mädchen, die bei Minusgraden – die zum Glück nicht sehr häufig sind – in ihren Schuluniformen mit kurzen Röckchen und Kniestrümpfen zähneklappernd auf den Bus warten.

Wenn es Ihnen nichts ausmacht, schon von weitem als *efficient German* entlarvt zu werden, sollten Sie eine gelbe Öljacke und Gummistiefel in den Koffer packen. Solchermaßen vorbereitet, kann der Regen Ihnen gar nichts anhaben – im Gegenteil, er gehört fast zu einem Irland-Urlaub. Auch an feuchten Tagen können Sie angeln, eine Strandwanderung machen oder sich selbstverständlich in den trockenen Pub setzen.

Verlangen Sie dagegen garantierten Sonnenschein, müssen Sie dafür beten. Die Iren machen das seit Jahrhunderten: Wer für ein bestimmtes Ereignis, zum Beispiel eine Hochzeit, schönes Wetter benötigt, stellt am Vorabend eine Statue des angeblich dafür zuständigen Prager Jesuskindes vor die Tür. Noch heute ist das nicht nur auf dem Land, sondern selbst in den Großstädten ein weitverbreiteter Brauch. Oft scheint das auch zu funktionieren: Es gab Sommer mit langen Trockenperioden, so daß etwa in Dundalk an der Ostküste sogar das Wasser rationiert werden mußte.

Doch soll man den Tag nie vor dem Abend loben. *Fine before seven, rain by eleven*, besagt ein irisches Sprichwort, das auf die Wechselhaftigkeit des Wetters verweist. Manchmal kann man alle vier Jahreszeiten an einem Tag erleben. Eine Faustregel lautet, daß der Wetterumschwung genauso lange anhält, wie er sich angekündigt hat. Mit anderen Worten: Ziehen zwei Stunden lang dunkle Wolken auf, so wird es für zwei Stunden regnen. Ein Schauer aus heiterem Himmel geht dagegen schnell vorüber.

Nicht umsonst wird Irland »die Grüne Insel« genannt. Beim Landeanflug auf den Shannon Airport lassen sich mühelos die vierzig verschiedenen Grüntöne ausmachen, die die Touristikwerbung verspricht. Wo es viel Grün gibt, ist der Regen nicht weit – das wußte schon Heinrich Böll. »Der Regen ist hier absolut, großartig und erschreckend«, schrieb er 1957 in seinem *Irischen Tagebuch.* »Man kann diesen Regen schlechtes Wetter nennen, aber er ist es nicht. Er ist einfach Wetter, und Wetter ist Unwetter.« Daran hat sich bis heute nichts geändert.

Dauerregen ist allerdings selten – obwohl nicht unmöglich. Jahrelang hatte ich Freunden immer wieder versichert, daß Mai und September die trockensten Monate und daher für eine Irlandreise bestens geeignet sind. Das stimmte auch, aber eben nur statistisch. Seitdem ich von ihnen eine gehässige Ansichtskarte aus einem völlig verregneten Maiurlaub an der irischen Westküste bekam, bin ich vorsichtig mit solchen Behauptungen.

Der Meteorologe Jim Hourihan vom St. Patrick's College behauptet, daß man keine gültigen Regeln über das irische Wetter aufstellen könne, denn Irland habe gar kein Klima. Laut Lexikon ist Klima »die Gesamtheit der für einen bestimmten Ort oder ein bestimmtes Gebiet eigentümlichen Witterungserscheinungen. Das Klima ist nur für eine bestimmte Zeitspanne durch statistische

Maßzahlen zu definieren.« Hourihan versichert nun, daß sich in Irland über die vergangenen dreißig Jahre gar kein bestimmtes Schema statistisch nachweisen lasse. Jedes Jahr – ja, fast jeden Monat – werde irgendein Wetterrekord gebrochen.

Nehmen wir als Beispiel den Februar 1990. Damals setzten Sturm und Dauerregen weite Teile der Insel unter Wasser. Cork, die zweitgrößte Stadt der Republik, war von dem Unwetter besonders schwer heimgesucht worden. Viele Straßen waren nur mit Booten befahrbar. Der Elektrizitätsgesellschaft ESB reichte die Venedig-Athmosphäre offenbar nicht. Weil der Pegelstand im Inniscarra-Staudamm über der Stadt stark gestiegen war, öffnete die ESB kurzerhand die Fluttore und schickte drei Tage lang 160 Tonnen Wasser pro Sekunde ins Tal. Böll versicherte zwar unter Berufung auf die Bibel, daß keine Sintflut mehr kommen soll, aber damals wußte man noch nichts von Elektrizitätsgesellschaften. In den ländlichen Regionen Südirlands mußten zahlreiche Menschen evakuiert werden. Viele Dörfer waren von der Umwelt abgeschnitten. Das Wasser spülte ganze Wohnungseinrichtungen gen Meer. Hunderte Rinder und Schafe ertranken in den Fluten.

Der Dubliner Meteorologe Brendan McWilliams reagierte auf die Katastrophe mit irischer Gelassenheit: Es gebe halt gute und schlechte Jahre. Dieses sei ein schlechtes Jahr. »Wir müssen den Elementen trotzen und hoffen, daß die Natur beizeiten nett genug ist, die statistische Balance wiederherzustellen«, sagte McWilliams. So gesehen hat die Natur in Irland noch einiges gutzumachen, soll man ihr zum Beispiel den Juni 1993 verzeihen. »Nachts stellenweise Bodenfrost«, hatte der

irische Fernseh-Wetterfrosch Gerald Fleming die Bevölkerung vorgewarnt. Eine Woche zuvor hatte es eine kli-
matische Besonderheit gegeben, die Fleming in höchste
Verzückung versetzte: Genau über Dublin hatten sich
zwei Tiefs vereinigt und mit geballter Kraft die Hauptstadt unter Wasser gesetzt. Innerhalb von 24 Stunden
gingen 109 Millimeter Regen nieder – soviel wie sonst
im ganzen Monat nicht. »Ein extremes Ereignis, wie es
höchstens alle hundert Jahre mal vorkommt«, froh-
lockte Fleming, der offenbar hoffte, dadurch zumindest
als Fußnote in die meteorologische Geschichte einzugehen.

Die Autofahrer konnten seine Begeisterung nicht teilen. Sämtliche Ausfallstraßen waren überflutet, auf dem
kurzen Autobahnstück zum Dubliner Flughafen hatten
Dutzende von Menschen ihre Blechkisten im Stich gelassen und versucht, sich zu Fuß zum Flughafen durch-
zuschlagen. In den Abendnachrichten war ein Junge zu
sehen, der auf einer Hauptstraße in Süddublin nach seinem Labrador tauchte und den erschöpften Hund
schließlich auf das Dach eines Lieferwagens zerrte. Auch
die englische Königin litt unter dem Wetter. Sie hatte
sich ausgerechnet diesen Tag für eine Stippvisite in
Nordirland ausgesucht – ihr dritter Besuch in zwanzig
Jahren. Die nordirischen Honoratioren standen auf der
Garden Party auf Schloß Hillsborough bei Belfast wie
begossene Pudel herum. Vielleicht hatte die Queen ja
vergessen, das Prager Jesuskind vor die Tür zu stellen?

Diese Extrembeispiele mögen reichen. Jim Hourihan
hat wohl irgendwie recht mit seiner Behauptung, daß
Irland kein Klima habe. Ich will Ihnen dennoch ein paar
Richtwerte zur groben Orientierung geben – ohne Ga-

rantie, versteht sich. Irland liegt im Bereich des Golfstroms. Deshalb sind die Temperaturunterschiede im
Laufe des Jahres gering. Im Winter liegt die Temperatur
durchschnittlich bei etwa fünf Grad, während sie von
Mai bis September etwa 16 Grad beträgt. Es wird selten
wärmer als 25 Grad. Die sonnigsten Monate sind Mai
und Juni mit sechs Stunden Sonne pro Tag, im äußersten
Südosten sogar bis zu siebeneinhalb Stunden. In der Regel weht ein Wind aus südwestlicher Richtung. An der
Ostküste fallen rund 750 Millimeter Niederschlag im
Jahr, im Westen sind wegen der Atlantikwinde größere
Niederschlagsmengen zu verzeichnen, die meist als fei-
ner Sprühregen niedergehen.

Einen solchen Tag mit Nieselregen nennen die Iren
einen *soft day*. Doch egal, wie das Wetter ist – es ist in
jedem Fall ein Gesprächsthema und sollte entsprechend
gewürdigt werden. *A lovely day, isn't it?* Diese einfache
Begrüßungsformel, die auch dann gilt, wenn der nasse
Hut auf dem Kopf eigentlich eines Besseren belehren
müßte, kann die Einleitung für eine Diskussion über ein
Fußballspiel, die politische Weltlage oder gar den Sinn
des Lebens sein. Auf Ihre Beschwerde über die Kälte
weist Ihr Gesprächspartner Sie vielleicht darauf hin, daß
es noch lange nicht so kalt sei wie an jenem historischen
Tag, als die Republik Irland das nordirische Team im
Fußball besiegt hat. Nun ist es nur noch ein kleiner
Schritt zu einer Debatte über den Nordirlandkonflikt.
Und dann ist auch die Frage nach dem Sinn des Lebens
nicht mehr fern. Seien Sie also davor gewarnt, achtlos
eine Bemerkung über das Wetter hinzuwerfen, ohne
sich über die möglichen Konsequenzen im klaren zu
sein. Im übrigen können Sie bei diesem Thema jederzeit

Jonathan Swift zitieren: »Das Wetter ist sehr warm, wenn man im Bett ist.«

Möglicherweise lag es am Wetter, daß die alten Römer nie versucht haben, Irland zu erobern. »Die Herren des schönsten und reichsten Klimas auf dem ganzen Globus«, schrieb der Historiker Edward Gibbon im Jahr 1784, »wandten sich mit Verachtung von den düsteren und von Winterstürmen befallenen Hügeln ab, von den im blauen Nebel versteckten Seen und von der kalten und einsamen Heidelandschaft, über welche das Rotwild von nackten Barbaren gejagt wurde.« Das Rotwild ist inzwischen aus Irland fast verschwunden, die »Barbaren« sind mehr oder weniger zivilisiert, und wer nackt herumläuft, wird eingesperrt. Nur das Wetter ist geblieben, wie es war.